义乌雅治街村志

YIWU YAZHIJIE CUNZHI

朱先新 主编

浙江工商大学出版社
ZHEJIANG GONGSHANG UNIVERSITY PRESS

图书在版编目(CIP)数据

义乌雅治街村志 / 朱先新主编. —杭州：浙江工
商大学出版社，2018.1
ISBN 978-7-5178-2539-5

Ⅰ．①义… Ⅱ．①朱… Ⅲ．①村史－义乌 Ⅳ．
①K295.55

中国版本图书馆 CIP 数据核字(2017)第 315625 号

义乌雅治街村志

朱先新 主编

责任编辑	张　玲	
封面设计	林朦朦	
责任印制	包建辉	
出版发行	浙江工商大学出版社	

（杭州市教工路 198 号　邮政编码 310012）
（E-mail:zjgsupress@163.com）
（网址:http://www.zjgsupress.com）
电话:0571-88904980,88831806(传真)

排　　版	杭州朝曦图文设计有限公司	
印　　刷	杭州五象印务有限公司	
开　　本	710mm×1000mm　1/16	
印　　张	12.5	
字　　数	180 千	
版 印 次	2018 年 1 月第 1 版　2018 年 1 月第 1 次印刷	
书　　号	ISBN 978-7-5178-2539-5	
定　　价	49.00 元	

版权所有　翻印必究　印装差错　负责调换

浙江工商大学出版社营销部邮购电话　0571-88904970

编 委 会

主　　任：朱智荣

委　　员：朱先新　　朱成金　　朱建林　　朱顺文

　　　　　朱翠玉　　朱荣明　　朱庆兰

主　　编：朱先新

编写成员：朱建林　　朱献荣　　朱永平　　朱英红

　　　　　朱大荣　　朱智恒

编委会全体成员合影

雅治街村前之标志性牌坊

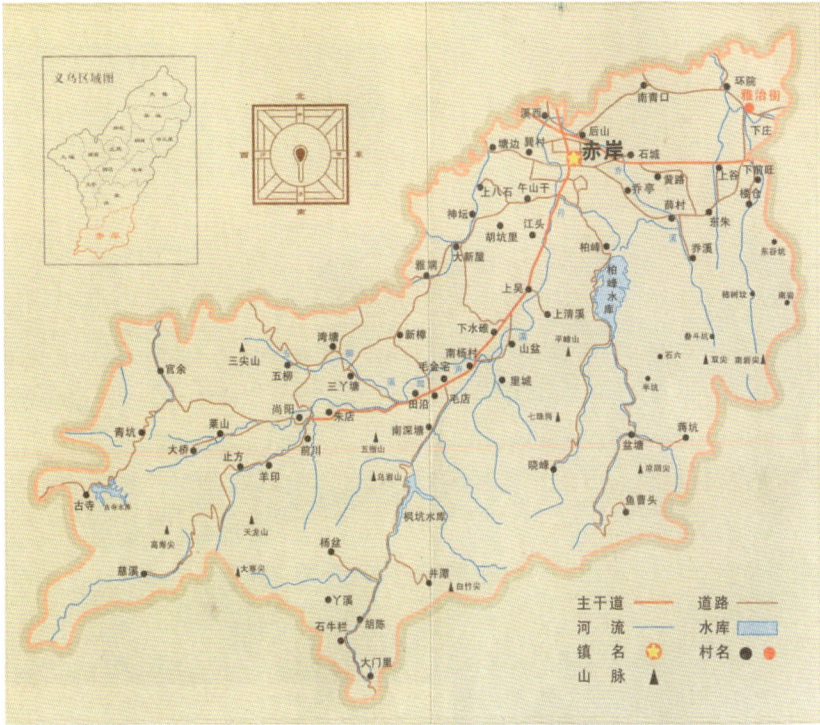

雅治街方位示意图

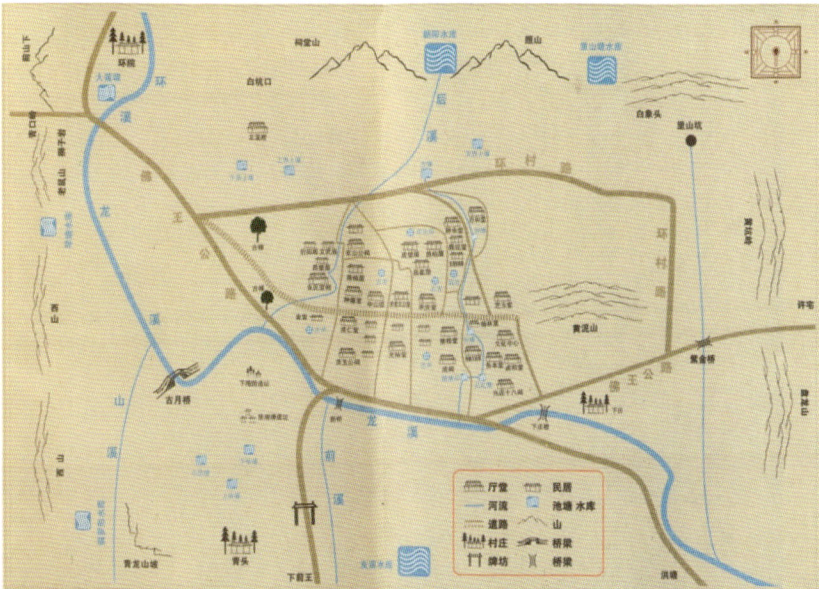

雅治街古村落平面图

雅治街村全景图

雅治街青头自然村

雅治街下庄自然村

古月新歌(为文化礼堂创作)

朱 骊 词
艺 航 曲

1=D 4/4

抒情、赞美地

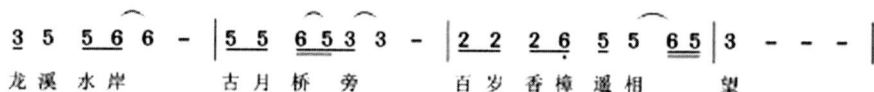

龙溪水岸 古月桥旁 百岁香樟遥相 望

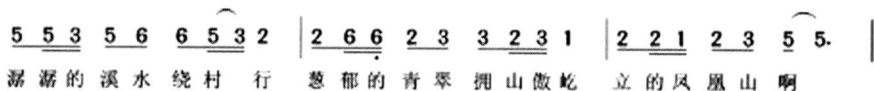

潺潺的溪水绕村 行 葱郁的青翠拥山傲屹 立的凤凰山啊

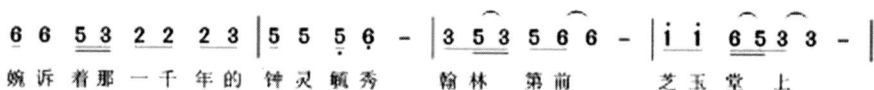

婉诉着那一千年的钟灵毓秀 翰林第前 芝玉堂上

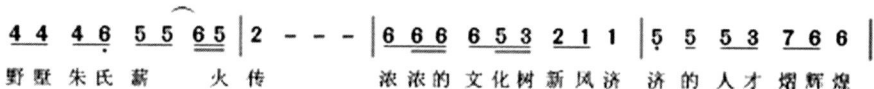

野墅朱氏薪 火传 浓浓的文化树新风济济的人才熠辉煌

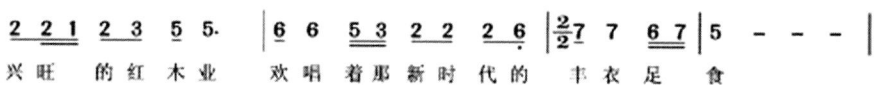

兴旺 的红木业 欢唱着那新时代的 丰衣足食

啊 让我们带着憧 憬 笑看美景换新 风

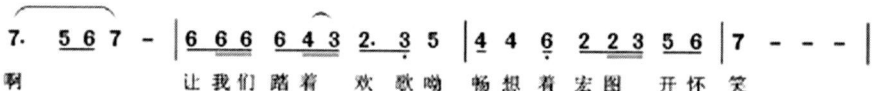

啊 让我们踏着 欢 歌呦 畅想着宏图 开怀笑

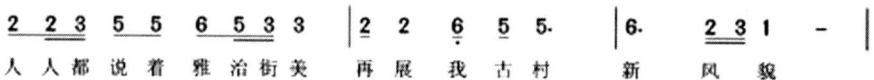

人人都说着雅治街美 再展我古村 新 风貌

渐慢

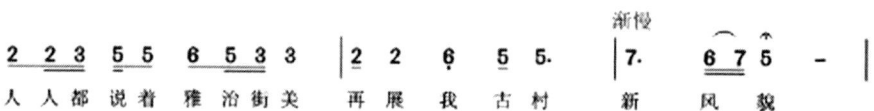

人人都说着雅治街美 再展我古村 新 风貌

义乌朱姓之祖朱汛像

义乌朱姓十八派之祖朱禄像（869—952）

雅治街朱姓之祖朱公信像（975—1055）

横街派良民（明）公像（十三世）

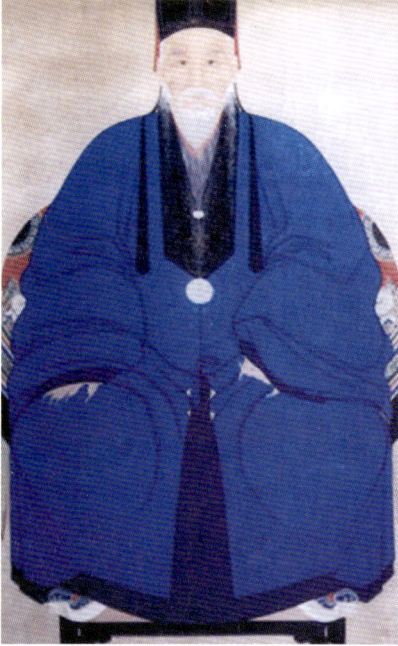

市东派祖良贵公像(十三世)

横街派祖良栩公像(十三世)

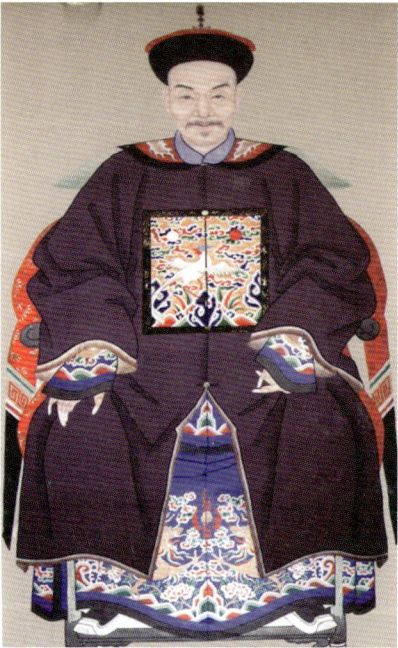

楼下派祖大虬公像(十五世)

街心派祖廷贞公像(十五世)

井头沿派祖大鹗公像（十五世）

大分下庄派祖兆助公像（十六世）

二分高楼派祖兆清公像（十六世）

三分下庄派祖兆明公像（十六世）

吉房祖永翼公像(十八世)

庆房祖永逵公像(十八世)

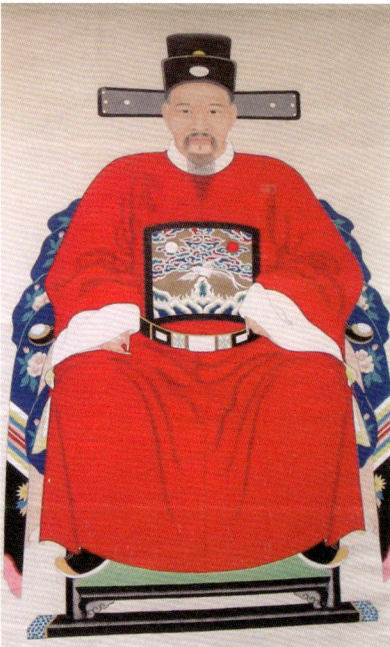

安房祖永绍公像(十八世)

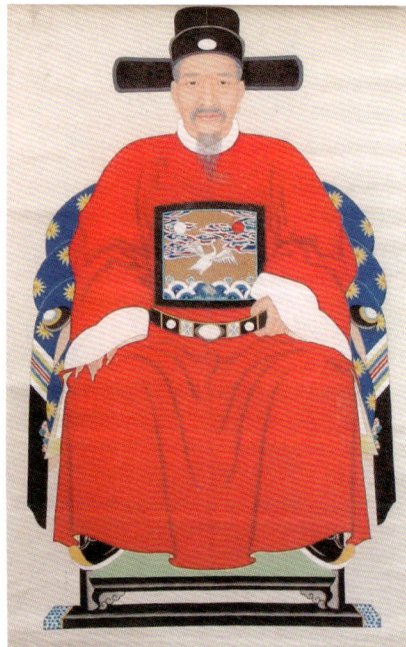

平房祖永法公像(十八世)

前厅房祖大龙公像(二十世)

后大分祖世学公像(二十一世)

前大分祖世德公像(二十一世)

街心二房祖承祉公像(二十二世)

清康熙左都督朱将军荣贵像

朱献文像

　　光绪三十四年(1908)进士,宣统资政院议员,曾任民国大理寺推事,江西高等审判厅、京师高等审判厅厅长,浙江省参议院议长等职。

古月桥和龙溪图景

雅治街大宗祠图

雅治街文化礼堂

前　言

　　雅治街村位于义乌东南边境,有村民 816 户,1800 余人。自始祖公信公迁居建村至今,已历千年。千百年来,我们的先祖们在这块土地上为我们创造了辉煌的历史,遗憾的是历代一直未能把先祖们的辉煌业绩记录下来,这不能不令人惋惜。为追溯本村历史,记录本村各个时期的变迁,传承村庄文化,以老前辈朱先新为首的部分在杭人员发起编写《义乌雅治街村志》活动,并得到了广大村民热心支持与参与。他们遍查有关史料,四方奔走,寻访老人,在尘封的历史记忆中,在老人的回忆中,探寻、收集、挖掘有关本村的零星资料和传记故事,经过去伪存真,把星星点点的史料收集整理出较为系统完整的史实。辛勤三年有余,才完成这本《义乌雅治街村志》。

　　《义乌雅治街村志》记述了雅治街村的历史渊源、建制沿革、地理位置与自然环境、人口、村境建设、经济史略、农业、山林、水利、工商业、教育、文化、环境卫生与医疗保健、名胜古迹、灾害、风俗、党政群组织、人物、附录等 19 个方面的内容。一志在手,雅治街村的历史和现状历历在目。

　　《义乌雅治街村志》体现着一种浓厚的乡土情怀,读来倍感亲切。村志是全村人一份宝贵的精神财富,它全面总结了雅治街村的历史发展过程,以史为鉴,有利于本村政治、经济、文化的推进和发展,也是走出家乡、远离故土的子孙认识家乡、了解家乡的特殊礼物,更是后辈子孙缅怀先人、了解先人、学习先人的依据。

　　现在我们国家正处在中国特色社会主义新时代,在习近平新时代中国特色社会主义思想指引下,不论城市还是农村都在不断发生变化,新的事物不断涌现,我们古老的村庄也将随着历史车轮不断向前发展和变化。然而未来不管如何演变,有了这一部村志,村庄的历史已经留住。从这层意义上讲,《义乌雅治街村志》的问世,更有一种深远和特殊的意义。几十年后再来研究本村历史,村志当是最宝贵、最丰富、最有价值的史料。

盛世修志,记载历史,传承文明,《义乌雅治街村志》的问世,为义乌史志文库增添了新的内容。

我们代表雅治街村党支部、村委会和全体村民向所有参与、关心、支持这次修志的人员表示衷心感谢。

义乌市赤岸镇雅治街村党支部书记　朱智荣

义乌市赤岸镇雅治街村村民委员会主任　朱成金

2017 年 12 月

凡　例

一、本志遵循辩证唯物主义和历史唯物主义的观点,实事求是地记述全村自然、经济、政治、文化、社会等各个方面的历史和现状。

二、本志以雅治街村所属雅治街、下庄、青头三个自然村的发生、发展以及人、事、物为记述对象。但在"历史渊源"一篇中,因朱姓人口占绝大多数,其他姓氏人口较少且未搜集到相关历史资料,故只记述朱姓的历史渊源。

三、本志贯穿古今,上溯远古朱氏起源,下至2016年。民国及民国以前用朝代年号纪年,并括注公元纪年,月系农历。1949年10月1日中华人民共和国成立后,一律用公元纪年。文中所述"解放"是指1949年5月中国人民解放军解放义乌。

四、本志根据内容挖掘深浅、取材难易,可详则详、难详则略,篇章安排视具体资料而定。

五、本志人物传记仅限本村人士,以宗谱为依据,选择部分对社会、对本村贡献较大、较有影响的已故人物入传。遵循"生不立传"的原则,对某些有较大贡献和影响的在世人物只在"解放后本村籍在外工作人员名录"中简记其个人简历。

六、除引用古文(言)、人、地等专用名保持原繁体字外,一律用简体字。古代部分的计量,保持其原计量单位。

七、本志资料主要来源:《野墅朱氏宗谱》《义乌县志》,义乌档案馆镇、村档案记录,相关村民提供的信息或资料,调查采访当事人、知情人、老人口述以及书信报刊记录等。

目　　录

第一篇　历史渊源

一、朱姓起源

传说朱姓是黄帝之孙颛顼的后代。颛顼二十岁即帝位,初国于高阳,故曰高阳氏,传至五世孙陆终,生五子,封第五子晏安于曹地,即为曹姓。周武王灭商建立周朝后,封安的后裔挟于邾,建立邾国,附庸于鲁。邾国又作邹国,亦称邾娄,有今山东费、邹、腾滕、济宁、全乡等县地,建都于地(今山东曲阜东南南陬村)。公元前614年,邾文公迁都于绎(今山东邹城东南纪王城),至战国中叶为楚所灭。邾国贵族以国为姓,就是邾氏,后去邑为朱姓。所以《新唐书·宰相世系》及《通志·氏族略》等书均有朱氏出自曹姓,系由邾姓去邑而成朱的记载。(见雅治街朱姓追踪溯源世系表)

雅治街朱姓追踪溯源世系表

第一世 始祖黄帝	第二世 玄嚣(帝长子)	第三世 颛顼(帝孙)	第四世 称(颛顼之子)
第五世 卷章(称之子)	第六世 重(卷章长子)	第七世 陆终(吴回之子)	第八世 晏安(陆终之子)
公元前11世纪,周武王分封晋爵同姓和异姓诸侯,晏安被封曹国后而赐姓曹			第九世 曹均莲(晏安之子)
第十世 曹彩白(均莲之子)	第十一世 曹季扎(彩白之子)	第十二世 曹武辛(季扎之子)	第十三世 曹主廷(武辛之子)
第十四世 曹濬(主廷之子)	第十五世 曹志学(濬之子)	第十六世 曹添(志学之子)	第十七世 曹旺(添之子)
第十八世 曹具(旺之子)	第十九世 曹得禄(具之子)	第二十世 曹武(得禄之子)	第二十一世 曹元辅(武之子)
第二十二世 曹沾(元辅之子)	第二十三世 曹骏(沾之子)	第二十四世 曹露(骏之子)	第二十五世 曹仕吉(露之子)

第二十六世 曹延(仕吉之子)	第二十七世 曹茂暹(延之子)	第二十八世 曹窗(茂暹之子)	第二十九世 曹芳(窗之子)
第三十世 曹松老(芳之子)	第三十一世 曹奇(松老之子)	第三十二世 曹侠(奇之子),周武王封曹侠于邾地, 赐予邾姓	
以继陆终晏安香火 自此曹改邾姓	第三十三世 邾太辛(侠子)	第三十四世 邾典夭(太辛之子)	第三十五世 邾外仲(典夭之子)
第三十六世 邾文子(外仲之子)	第三十七世 邾成父(文子之子)	第三十八世 邾列(成父之子)	第三十九世 邾重(列之子)
第四十世 邾外一(重之子)	第四十一世 邾仲父(外一之子)	第四十二世 邾啟(仲父之子)	第四十三世 邾小白(啟之子)
第四十四世 邾槐(小白之子)	第四十五世 邾善甫(槐之子)	第四十六世 邾杼(善甫之子)	第四十七世 邾仪父(杼之子)
第四十八世 邾琐(仪父之子)	第四十九世 邾籧荫(琐之子)	第五十世 邾荫且(籧荫之子)	第五十一世 邾胜(荫且之子)
第五十二世 邾华(胜之子)	第五十三世 邾颜(华之子)	第五十四世 邾夏父(颜之子)	第五十五世 邾益(夏父之子)
第五十六世 邾革(益之子)	革(恒公)后六世(约公元259年前后,邾国被楚所灭,朱子孙 避于沛国,后邾国子孙改邾为朱)		
第六十二世 朱成子	第六十三世 朱柁公(成子之子)	第六十四世 朱胜(柁公之子)	第六十五世 朱亥(胜之子)
第六十六世 朱章(亥之子)	第六十七世 朱买臣(章之子)	第六十八世 朱凤(买臣之子)	第六十九世 朱邑(凤之子)
第七十世 朱翊(邑之子)	第七十一世 朱云(翊之子)	第七十二世 朱海(云之子)	第七十三世 朱松(海之子)
第七十四世 朱泽(松之子)	第七十五世 朱填(泽之子)	第七十六世 失考	第七十七世 朱汎
汎字考祥,东晋永兴二年(305)任东阳(今金华)太守,秩满定 居乌伤(义乌)埠墟(赤岸),为义乌朱姓之祖			第七十八世 朱道(汎之子)
第七十九世 朱伦(道之子)	第八十世 朱忠(伦之子)	第八十一世 朱德(忠之子)	第八十二世 朱何(德之子)
第八十三世 朱科(何之子)	第八十四世 朱礼(科之子),为东晋时金威将军		第八十五世 朱鹏(礼之子)

续　表

第八十六世 朱忠(鹏之长子)	第八十七世 朱幼(忠长子),字长明,公元 433 年南北朝时先后任高辛、平昌、淮阳、扬州太守,治郡有功,民怀歌之曰:朱幼治江东民安,治贼寇		
第八十八世 朱通(幼长子)	第八十九世 朱宗茂(通之长子)	第九十世至 九十九世无考	第一百世 朱禄,为义乌朱姓十八代始祖
第一〇一世 朱孟文(禄之长子)	第一〇二世 朱吉偶(禄之十四孙)	第一〇三世 朱可英(吉偶之子)	第一〇四世 朱公信,雅治街朱姓之祖

二、雅治街朱姓氏族之渊源

　　朱姓氏族自春秋传至汉再传至西晋永兴(304—306),有朱汎者(河南平陵人)任东阳郡(今金华)太守,秩满告老需觅一风俗纯厚之地安度晚年,他得悉乌伤(义乌古名)蒲墟(赤岸古名)民风淳朴,地方富实,即迁来居住,至唐已历五百余年,子孙近千人。唐广明元年(880)七月,以黄巢为首的农民起义军先后攻占江西、浙东、浙西。农民军过赤岸时,因赤岸朱姓子孙历代有人在朝为官,亲族几乎被杀绝,独留朱禄母子二人,是时朱禄才 11 岁。自唐末至五代的五六十年间,劫后余生的朱禄(号野塘老人)重振家声,他生了四个孩子,得孙一十八人。十八孙名曰:世东、世威、世愚、世环、世伦、世繁、世闲、世莲、世超、世韬、世和、世遐、世康、世俦、世俦、世钦、世南、世宿。朱禄自感朱氏从此有后矣,但追念前辙,为保朱氏后代香火延绵,乃用捐赠双林寺双塔之余钱铸铁罗汉一十八尊,每孙各授一尊,于后周广顺二年(952)前后,使各孙分居婺州远近,铁罗汉作为各孙后裔是同宗同派之证据,这就是义乌朱姓十八派的由来。其时十四孙以下因年幼未曾迁居。其中第十四孙吉偶之孙公信公,直至北宋初期才携铁罗汉迁来野墅即雅治街。这就是雅治街始祖,也是雅治街之起源。公信公生于北宋开宝八年(975),卒于北宋至和二年(1055),寿八十一岁。其间哪一年迁居雅治街已无考,但从公信公生卒年月可以确定雅治街距今已有千年历史,可以说是一个古村落了。上面所说就是雅治街朱姓氏族的渊源。

三、雅治街村名之演变

　　野墅是雅治街之古名,是什么时候由野墅改为雅治街? 又为什么要改为雅治街? 遍查历代家谱及有关资料,均无这方面的记载,只有 1986 年出版的《义乌县志》军事篇中有"清同治元年(1862)七月太平军数千人驻雅治街,屡遭民团袭击……"等文字记录。可见雅治街村名有文字记录到清末才出现。至于为什么野墅变成雅治街,可能是野墅与雅治谐音,叫着叫着就变成雅治,而且"雅治"二字比"野墅"意义更好,于是就用雅治代替了野墅。雅治街有条 300 米长的长街,是东阳西南部和永康北部至金华、兰溪、严州、衢州等地的必经之路。旧时街两旁有歇店(旅馆)、染坊、药店、小什货铺、制糖作坊等,街西头有约 500 平方米的空地,本地人称之为"祠堂前",有饮食摊,全天有馄饨、米粉干、肉饼等供应,还有施茶、施草鞋的,很是热闹。脚夫、行商、轿夫过此必停下歇脚、用餐、换草鞋。时间久了,附近各地都知道雅治街有一条很出名的长街。于是在雅治后面又加上一个"街"字,结果野墅就变成了雅治街。以上只是编者的一种分析,不一定正确,希望本村有识之士能提出更恰当的说法。

四、雅治街朱姓氏族的发展与管理

　　始祖公信公迁居雅治街已有千年历史,子孙繁衍已历 35 代,人口达 2000 余人,还有散居各地多支余脉。在这漫长的发展过程中,雅治街朱姓氏族逐步形成一套上下相连、横列相继的氏族组织体系和与之相适应的宗族组织,以及救灾赈济、兴文助学、旌孝责忤、保一方平安等一系列制度和举措。

　　(一)外衍支脉

　　雅治街朱姓氏族在漫长的发展过程中,有的子孙为了争得更好的发展环境,或因灾、因贫等,陆续外迁的有 45 人。从时间看,大部分为清以前迁出,清以后迁出的很少。从迁居的地域看,本省义乌本地、东阳、永康、寿昌、江山、汤溪等地都有;其他各省如福建、江西也有,但占少数。外迁的子孙中,经过长期发展,有的已成为当地一大家族,如义乌本地的陇头、吴松等,外省如福建古楼门等,成为雅治街朱姓的下衍支脉。他们始终与雅治街保持联系,每逢重大祭祀活动,都会派人前来参与。中华人民共和国成立后由于宗族制度退出历史舞台才中断了联系。

(二)派、房、常

雅治街朱姓宗族发展至十三代(元中期),人口有了一定规模,相互之间关系开始复杂起来。为了理顺上下相继、横列相连的关系,处理好族亲之间生产、生活上相关利益,开始分成横街派、井头沿派、市东派、大分下庄派、楼下派、二分高楼派、街心派、三分下庄派等。随着时间的推移,人口越来越多,相互之间多种利益关系更加复杂。至清初,又在各派之下分出许多"房",例如街心派下就分出后大分房、前大分房、西边房、平房、安房、吉房、恭房、庆房、小房、文奇公房等。至清中期,有的大房又分成"常",例如庆房下又分成礼、乐、吉、义等常。各派、房、常之下都有一定数量的祀田,都选有理事处理各派、房、常内事务。至此雅治街已形成祠堂、派、房、常四级自我管理体制。标志各派房的建筑是大宗祠、小宗祠、厅、堂。大宗祠意为始祖寝;小宗祠意为派祖寝;厅、堂意为房祖寝。雅治街原有祠、厅、堂十多幢。有的祠、厅、堂因建筑年代久远,保护不善,兵祸等因素而倾废和焚毁。现保留较完整的仍有大宗祠、芝玉堂、存仁堂、种德堂、光裕堂、敦和堂、贵玉公祠、忍和堂、东山公祠、耕余堂等十幢。

(三)族长与理事会

族长是本族最高权威,其职责是根据族规来执行族务。对于违反族规的子孙,由族长按族规予以处置。族长由年高德勋者任之。雅治街族长每三年一任,任满由祠堂理事会和派房理事会议选。

理事会分祠堂理事会和派房理事会。祠堂理事会处理全族事务,如有关全族春秋祭祀、祠宇修理、祠产管理、合村风纪整肃、合村教育推进、合村慈善资金募集、农田水利建设等。各派房理事会主要管理本派房的一些具体事务。祠堂理事会理事任期六年,届满由全族子孙推选代表选举产生。各派房理事由各派房子孙直接选举产生。理事会每年定期举行会议,讨论本年各项事务、结算账目等。

（四）同善会与仓储

雅治街朱姓子孙中，也会有一些因病、灾、失夫失子等造成的家贫无依的鳏寡孤独人群。民国二十四年（1935）由朱献文先生等20人集资500银圆作为基金，创议设立雅治街"同善会"组织，专门对上述人群进行救济，救济金额视当年利息收入按人数平均给予，保证了这批贫困人员的基本生活。

仓储（村民叫仓谷）是本村对朱姓子孙的一种救急措施，以稻谷借贷的形式来进行。仓储的基谷是由祠堂、各派房抽取一定数量的公粮组成。到每年农历五月青黄不接之际，仓储即开始放贷，凡本族子孙因口粮不足无法支持到秋收的均可申请贷取一定数量的谷子，但不可超过本家庭实际所需。待秋收后必须按时按量归还，否则会被取消以后的贷谷资格。

（五）消防队与团防队

据传雅治街历史上火灾频发，因救灾设备缺乏，救灾力量没有组织而损失惨重。清道光十二年（1832），由祠堂理事会购入水龙一具，水枪24支，同时从各房45岁以下壮丁中挑选身体强壮者组成"野墅消防队"。消防队除负责本村救火外，附近村庄如遇火警也会前往施救。

为了保护本村村民安全，防止盗贼侵扰，雅治街在咸丰年间就有团防队组织。团防队由50岁以下的男丁组成，队员日间田间劳动，夜间分组轮流巡查。遇到国家有事，协助维持地方治安。雅治街团防队还曾经协助过清军与太平军作战，牺牲村民4人。到20世纪30年代抗日战争爆发，时局不稳，盗匪时有出没，为保证全村安全，祠堂理事会组织人力，采伐大量木材，在本村各出入口都装上了安全门（村民称之为车门），团防队轮流巡查，按时开启安全门。安全门直到解放后才逐渐废弃。

（六）兴文助学

雅治街朱姓是一个名门望族，历代文人辈出。历届管理精英都很重视兴文助学举措。雅治街在600年前的明永乐时期就开始修纂家谱，到2009年已修谱19次，除第一次和最近一次时间相隔较长外，其余平均13年就修一次，到清末已定制10年一修。为保证修纂家谱工作顺利进行，还设了谱常理事会,制定了谱常议规则。雅治街祠堂是本村文化集中体现的场所,祠中挂有"追远""孝义""忠烈""拔贡""举人""进士""翰林"等匾额和"族规""族训",以及族人撰写的楹联40余幅,金碧辉煌,文化气氛十分浓厚。以上文化作品在"文化大革命"中虽然受到极大的破坏,但经族人重新创作和制作,大部分文化作品恢复了原貌,只是部分匾额无法重现。

雅治街人又是一个喜欢读书的族群。族规规定:"为父母者应教诲子女敬听族训,一届入学年龄即须遣令入学,劝其立志向上,勉为善人、正人。"为鼓励子孙读书,雅治街从祠堂到所有派房都保留了一定数量的贤田,即学田,用其租谷收入帮助那些因贫穷交不出学费、买不起书的家庭,保证所有子孙读得起书。

第二篇　建置沿革

清以前无考。

清乾隆五十年(1785)，义乌设乡 8，里 31，都 28。雅治街属双林乡 26 都。

清咸丰十一年(1861)，太平军进驻义乌，并 28 乡为 4 乡，1—6 都为东乡，7—13 都为北乡，14—20 都为西乡，21—28 都为南乡，雅治街属南乡。

民国十七年(1928)，浙江省推行"村里间邻制"地方自治，规定 10 户为邻，设邻长；10 邻为间，设间长；10 间为 1 乡、镇。雅治街按此编为 52 邻，5 间，1 乡，属佛堂镇。

民国二十三年(1934)，国民政府颁布政令，全国实行保甲制。义乌分设 78 个乡镇，由 3 个保甲督导区管辖。雅治街按街南街北分设 2 保，属第二督导处赤岸镇管辖。

民国二十八年(1939)，义乌增区并乡，设 5 个保甲督导区，45 个乡镇，雅治街属第三督导区求是乡管辖，乡公所设在雅治街。

民国三十一年(1942)5 月，义乌被日军占领。为了抗日自卫，义乌设义南、义西、苏溪 3 个联防区。1944 年，浙赣铁路以东 14 个乡镇属苏溪区，以南属佛堂区，以西属上溪区。雅治街属佛堂区。但当时雅治街驻有日军，实际控制在日伪组织维持会手里。

民国三十四年(1945)9 月，抗日战争胜利，义乌设 45 个乡镇，划 4 个指导区，雅治街属求是乡佛堂指导区。

民国三十五年(1946)，义乌乡镇合并，设乡镇 34、保 477、甲 5329，归 4 个指导区管辖。雅治街设 2 保 20 甲，属第二指导区赤岸乡管辖。

1949 年 5 月，义乌解放，废指导区和保甲制。县以下设城南、义东、苏溪、佛堂、义北、上溪 6 个署区，其余乡镇不变，雅治街属佛堂区赤岸乡管辖。

1950 年 8 月,义乌县 35 个乡镇划分成 101 个小乡镇,2 个县属镇,雅治街属稽亭乡管辖。

1951 年土改时,保甲制、理事会被废除,相应成立了雅治街村村政委员会,属剡溪乡。

1952 年,雅治街从稽亭乡改属剡溪乡。

1954 年,义乌减区并乡,全县设 7 个县属乡镇,4 个区,32 个区属乡,雅治街属赤磊区赤岸乡管辖。

1956 年,农业生产合作化,村政组织改称生产队,属剡溪乡。

1958 年 9 月,义乌新建人民公社,雅治街属佛堂人民公社东朱管理处管辖。雅治街设生产大队,由雅治街、环院、青头、下庄 4 个自然村组成,共 24 个生产队。

1962 年,原佛堂人民公社之东朱管理处升格为东朱人民公社,雅治街生产大队改称为东朱人民公社雅治街生产大队管委会。

1968 年,雅治街生产大队管委会改称雅治街生产大队革命领导小组,属东朱公社革委会。

1979 年 3 月,雅治街生产大队革命领导小组仍改称雅治街生产大队管委会,属东朱公社。

1983 年撤社建乡,原则上以原公社范围建乡,雅治街生产大队改为雅治街行政村,属佛堂区东朱乡管辖。1985 年环院撤出单独建村。

1984 年 3 月,撤社改乡,东朱人民公社管委会改称东朱乡人民政府,雅治街生产大队管会改称雅治街村民委员会,属东朱乡政府。

1992 年,义乌实行乡镇合并,东朱乡并入赤岸镇,雅治街属赤岸镇管辖至今。

第三篇　地理位置与自然环境

一、地理位置

雅治街地处义乌市东南边境,东面 1 公里与东阳里山坑、黄坑岭、洪塘接壤;南面 1.5 公里为楼仓,2 公里外是东朱,2.5 公里为双尖山,过山即是永康地界;西面 1 公里为青口岭,过岭就是青口;北面紧倚朝阳庵山峦与环院连接,过山与合作乡的陈村、石壁接壤。本村离赤岸镇 5 公里,离佛堂镇 10 公里,离稠城镇 20 公里,离金华市 45 公里,离东阳县城 20公里,离省会杭州 170 公里。

二、自然环境

(一)山脉

本村东西两面均为山丘,高不过 50 米。南面 2 公里许为八素山支干山脉:有双尖(779.5 米,又名笔架峰,两峰并拔天表,旧志称"旁有奇石,高二丈许,上有棋坪")、南岩尖(744 米)、鹰嘴岩(旧志称"四面巉峭壁立,尖峰若鹰嘴。上有石井,其水清冽;有石臼,圆凹如琢",系松瀑山十二峰之一),尽于先锋水库。北面为朝阳庵山峦,为会稽山余脉。其最高峰为屏风山山峰,约高 600 米。登上此峰可俯视本村及附近村庄,以及东阳洪塘、许宅等许多村庄。

(二)溪流

本村地处低山丘陵区,无大江大河,只有山水汇成的溪流。其中最大的溪流发源于东阳黄田畈地区,流经黄畈、洪塘、雅治街、环院、六石、剡溪、佛堂后汇入义乌江,全长约 15 公里。流经本村的一段约 1.5 公里,因形如游龙,故名"龙溪","龙溪"二字因此成为本村又一代名词。全国重点文物保护单位"古月桥"就建在此溪上。

南山溪是八素山支干山脉双尖峰与南岩尖之间山水汇集而成的溪流，流经下前王至本村汇入龙溪，为本村牛路畈一带农田灌溉的主要水源。

后溪由本村朝阳庵山峦之水汇集而成，为本村村民饮用水主要来源。其水流一路流经本村汇入龙溪，另一路通过沟渠注入村中古塘、和塘、长塘、破塘沿、园里塘等，以此净化池塘水质。

洪水溪，又名西山坑溪，发源于东朱先峰水库，是上谷畈一带农田主要灌溉水源，流经上谷村后于古月桥下游汇入龙溪。

这些溪流都是由山水汇集而成，水流量极不稳定，一遇稍长时间下雨或遇大暴雨，溪水就会急速上涨，容易冲垮溪堤，冲毁农田。一到夏秋季节雨水较少，又容易溪水断流，影响农田灌溉。解放后，龙溪上游东阳小溪口建了小溪口水库，南山溪上游建了友谊水库，后溪上游建了朝阳水库，从而调节了溪水流量，此后，洪灾、旱灾很少出现。

（三）气候

本村属亚热带季风气候，四季分明，气候温和，雨水充沛，日照多，夏冬季长，春秋季短。全年气温7月最高，1月最低，降水量5、6月最多，11月最少。干旱、洪涝、大风、冰雹、大雪、寒流等气象灾害均曾出现，以干旱、洪涝最为常见。

各季节气候特点：春季，一般从3月下旬至5月下旬，持续时间约50天，此季节暖湿气流开始加强，但冷空气仍相当活跃，故气温不稳，容易变天，俗语说"春天孩儿脸，一天变三变""一天赤膊，三天勾缩"。夏季，大约始于5月下旬，止于9月下旬，持续时间120天左右。初夏冷暖空气交汇频繁，对峙时长，形成闷热、潮湿、阴雨的黄梅天气，称"梅雨季节"；盛夏晴热少雨，光照强，蒸发旺盛，俗称"伏天"，午后常有局部雷阵雨，俗语有"伏天雷雨隔牛背"之说，这时台风也较多。秋季始于9月下旬至11月下旬，持续时间60余天。夏末秋初，因受冷空气影响，常有阴雨天出现，农谚称"八月毛雨洒，有米无柴煨"；深秋秋高气爽，风和日丽，俗称"十月小阳春"。冬季始于11月下旬至来年3月下旬，持续时间120天左右。这个季节多晴燥，寒冷，季末容易出现雨雪天气，俗称"烂冬"，12月下旬开始进入隆冬。

第四篇　人　口

一、人口统计

雅治街朱姓氏族历代人口统计

代次	辈名	户数	总人口			出生			死亡			所处年代
			合计	男	女	合计	男	女	合计	男	女	
1	公	1	4	3	1	2	2	—				北宋
2	仁	1	6	4	2	4	3	—				北宋
3	文	1	3	2	1	—	—	—	2	1	1	北宋
4	仕	1	6	3	3	4	2	2	2	1	1	北宋
5	大	2	13	6	7	9	4	5	3	2	1	北宋
6	承	2	7	5	2	3	3	—	2	1	1	北宋
7	肇	1	3	2	1	1	1	—	—	—	—	南宋
8	如	1	7	5	2	5	4	1	1	1	—	南宋
9	镱	1	3	2	1	1	1	—	2	1	1	宋末
10	子	1	6	5	1	4	4	—	2	1	1	宋末
11	国	4	17	13	4	9	9	—	7	5	2	元初
12	之	9	39	31	8	22	22	—	14	8	6	元
13	良	27	79	58	21	31	31	—	15	10	5	元
14	汝	31	189	112	77	96	50	46	24	16	8	元
15		43	170	124	46	21	9	12	88	81	7	明
16	兆	81	329	233	96	172	152	20	155	79	76	明
17		140	526	385	141	233	203	30	243	139	104	明
18		236	821	500	321	355	264	91	545	230	315	明
19	文	268	707	533	174	341	265	76	322	265	57	明

续 表

代次	辈名	户数	总人口			出生			死亡			所处年代
			合计	男	女	合计	男	女	合计	男	女	
20	子	257	723	483	240	277	226	51	289	250	39	明清
21	应	211	652	452	200	309	236	73	31	21	10	清
22	国	227	788	501	287	463	274	189	334	220	114	清
23	永	268	1038	658	380	483	330	153	440	265	175	清
24	伟	378	1205	766	439	538	388	150	581	371	210	清
25	兆	376	1262	786	476	579	410	169	524	372	152	清
26	开	480	1576	1043	533	756	563	193	644	451	193	清
27	元	513	1728	1114	614	834	601	233	621	495	126	清
28	增	576	2034	1260	774	1023	684	339	812	558	254	清
29	昌	648	2341	1332	1009	1169	684	485	905	641	264	清至民国
30	成	719	2526	1436	1090	1268	717	551	1120	710	410	清至民国
31	顺	711	2317	1217	1100	986	506	480	142	102	40	民国至中华人民共和国

1951 年土地改革时人口统计

户数	人口合计	男	女
528	1649	858	791

2004—2015 年人口统计

年份	户数	全年总人口			当年出生		当年死亡	
		合计	男	女	男	女	男	女
2004		1679	833	846	14	11	5	4
2005	584	1693	832	861	7	8	3	2
2006	608	1705	834	871	9	1	4	6
2007	628	1713	839	874	6	6	1	3

续　表

年份	户数	全年总人口			当年出生		当年死亡	
		合计	男	女	男	女	男	女
2008	646	1725	881	844	10	6	8	6
2009	686	1731	886	845	7	7	1	1
2010	717	1749	897	852	2	3	4	2
2011	756	1765	904	861	8	8	7	4
2012	770	1781	910	871	12	8	7	1
2013	790	1764	902	862	5	12	9	4
2014	806	1774	907	867	8	7	5	6
2015	829	1770	909	861	12	14	6	10
2016	821	1793	918	875	8	11	9	2
2017	816	1816	930	886	8	14	7	4

雅治街少数姓氏人口统计

（共计 23 个他姓，人口 227 人，占全村人数 12.8%）

姓氏	户数	人数	姓氏	户数	人数
丁	5	9	金	4	12
王	14	26	张	4	11
陆	4	5	冯	6	8
林	1	1	许	4	4
郭	7	15	吴	1	3
蒋	2	2	刘	1	1
钱	2	6	熊	1	4
黄	2	8	吴	5	10
成	5	14	叶	1	11
徐	4	11	楼	1	1
姚	19	46	施	1	4
卢	5	15			

注：（1）本村籍在外地工作计有 500 余人。其中在杭州有 120 户，人口约有 300 人左右，其余散居在义乌本地、金华、兰溪、衢州、建德、绍兴、湖州、上海、北京等地至少有 50 余户，人口有 200 余人，因此，本村籍人口应该有 2200 余人。

（2）随着经济的发展，外来本村打工人员、经营小商小贩人员及其家属，估计有 500 余人，因此现在本村实际居住的人口应该也有 2200 余人。

二、家庭结构

我国几千年来的封建社会形成的大家族和大家庭观念根深蒂固,以"四世同堂""五世同堂""多子多福"为荣。本村在清道光时就因朱士勇妻"五世同堂"受道光帝恩旨建"五世同堂"直匾于祠宇,全村都为其受恩而羡慕。多子多福成为大家所追求目标。根据解放前历代人口统计,本村每户平均人口为 3.35 人,男占 2.15 人,女占 1.20 人。至 1951 年土改时人口统计每户平均人口为 3.10 人,男占 1.63 人,女占 1.47 人。根据 2005 年人口统计,每户平均人口 2.90 人,男占 1.43 人,女占 1.47 人。根据 2015 年人口统计,本村每户平均人口为 2.14 人,男占 1.04 人,女占 1.10 人。户平均人口下降和男女人口比例倒转的主要原因,是 20 世纪70 年代实行计划生育以来,提倡一对夫妇只生一个孩子,所以家庭结构发生了很大变化,大多数家庭只有一个孩子。

三、计划生育

解放前,由于家庭贫困,农村绝大多数妇女怀孕期间营养不良,生育时夭折的婴儿占很大部分。所以出生的多,死亡的也多。婴儿死亡大多为"七日头""脐风"等病所致。用现代医学的术语来讲,这种病多半是破伤风,在当时的生育条件下,农村里请接生婆接生,这部分人对接生用的洗盆、剪刀、包布等用具常不予消毒,很容易导致婴儿感染破伤风。

解放后进行了土地改革,贫下中农分得了土地,生活逐步得到了改善,婴儿成活率也得到提高,相对死亡率降低。

中国几千年遗留下来的"养儿防老""多子多福"的旧习俗给计划生育工作带来了一定困难。1977 年后提倡计划生育,晚婚晚育,规定晚婚年龄男性 25 周岁,女性 23 周岁。推行"奖一、限二、罚三"的综合性措施。1982 年后把计划生育作为一项基本国策来抓。雅治街党支部、村委会领导亲自抓这项工作,具体工作落实到妇女会,负责做好流引产、结扎、上环、罚款等四管其下。

　　1986年执行婚姻登记、婚前检查制度,妇女会利用登记时间,面对面进行生育、避孕节育、妇幼保健培训,为育龄夫妇做好事先计划生育工作。

　　雅治街计划生育工作,通过长期努力,先后动员了约625人实施了计划生育措施,其中结扎30余人,放节育环445人,打针吃药50余人,用避孕套100余人,罚款20人。

　　国家实行农村部分计划生育家庭奖抚政策,主要是对农村部分率先执行计划生育政策的独生子女家庭进行鼓励,使他们在生活上有帮助,经济上有实惠,社会上有地位。建立起计划生育的利益导向机制,形成计划生育新的有利激励制度,从根本上破除"越生越穷""越穷越生"的恶性循环。

　　义乌的独生子女家庭奖抚政策,针对独生男孩家庭和独生女孩家庭采取不同的奖抚政策。独生男孩家庭,父母双方年满60周岁以后,每人每月可享受100元的奖抚补助;独生女孩家庭,父母双方年满60周岁以后,每人每月可享受300元的奖抚补助;所有独生子女家庭成员每年的小额医疗保险缴费均由政府买单。至今雅治街已有74人享受了独生子女奖抚补助,119人享受了小额免费医疗保险。

第五篇　村境建设

一、住宅建设

本村旧有住宅集中建在朝阳庵山前,龙溪以北,东西长约 400 米,南北阔约 200 米的狭长土地上。大部分房屋为民国初期所建,少部分为清末所建的砖木结构的二层楼房,还有极少数为清早期所建的古建筑,也夹杂部分泥墙平房。内有天井之三排两厢、五间两厢的大多为富家所有;有多进厅堂两边有多间排屋之堂屋,多为清早期所建之古建筑,均为本房本派族亲聚居。本村原有住房一般还算宽裕,住茅草房的没有,无房的更是很少。

解放后头 20 年,本村村民建房不多,有的也只是在自己原有旧地基上翻造或小建小搭。20 世纪 80 年代后,随着改革开放的深入,农村经济有了较快的发展。农村掀起了一股建房热,在新形势影响下,村民要求改善居住条件,要求另批土地建造新房的呼声日高。为满足村民的需要,村组织积极进行规划,划出村前部分农田和旱地作为新住宅区建设用地。至 2000 年初,已批出 200 余户,共计土地面积 59940 平方米,比原有老住宅地面面积扩大了两倍,形成村子北面为老住宅区、南面为新住宅区的格局。其中 1985 年以后造的新房,村民已不再满足于二层砖木结构,而大多建造成造型美观的砖混结构三层以上的楼房。2000 年后,用村委出面集体审批土地,集中建设再转售给村民的办法建了一批住宅,这样既降低房屋造价,又统一式样。由于新房大量增加,村民大多搬进既清洁又美观的新房居住,原有老房子大多空闲,形成了老住宅区人丁稀疏,新住宅区人来人往的局面。

由于老住宅区房屋十分陈旧,格式各异,大小不等,更因长期无人居住,疏于维修,墙面剥落十分厉害,与新住宅区形成极大反差。为改善老住宅区环境,2008年由义乌市政府拨款280万元,村委组织人力将全部旧宅进行外墙粉刷,全村住宅面貌焕然一新。

二、改造村内道路

雅治街是一个古老村落,小街小巷很多,其路面大多用鹅卵石铺成,也有部分泥路,由于年代久远,大多路面都有破损,遇雨天、夜晚,村民出行十分困难。2003—2005年,市政府拨款120万元,村委组织人力,给全村所有街巷均铺上水泥,面积约40万平方米,使原本不平的街巷和雨天泥泞不堪的路面变得平坦整洁。

三、照明工程

本村自古以来用的是燃油照明,民国以前用柏油,民国以后用煤油。抗日战争期间,由于日军封锁,煤油供应中断,只好再用柏油。日军投降后,恢复了煤油照明至60年代。1963年,村中尝试自行发电照明,由于设备差,发电机小,电压低,电灯时明时暗,亮亮停停,极不稳定。直到1977年,才从杭州购得大批电线杆,敷设了电灯线路,接通义乌电厂电源才有了正常的照明用电,也为今日村民使用电视机、空调、冰箱、洗衣机等电器设备创造了条件,为发展工农业生产用电提供了基础。1985年起,雅治街用电并入浙江电网,用电更有了保障。

改造后的老街路面

四、公路建设

　　1958 年以前本村周边没有公路，村民出行全须步行，如需出远门，要步行至佛堂才有长途汽车乘至义乌县城或义亭镇再转乘火车。1974 年建成义洪线（公路），村民出行外地须步行到洪塘乘坐东阳至义乌的长途汽车，经薛村东朱至佛堂绕了一圈，但已比原先方便了许多。1982 年为方便青口剡溪村民出行，建成了佛堂—雅治街支线（公路）。村里先后建造了四条公路，一为连接青口至佛堂至稠佛线，一为连接许宅到黄田畈东阳线，一为连接洪塘到黄田畈、东阳、永康公路，一为连接东朱经赤岸至金义东公路；修建了桥梁 3 座，本村交通从此四通八达，村民出行方便快捷。

五、给水工程

　　村中饮用水源原来靠井水。井水容易受污染，滋生寄生虫，特别是夏天，井水发臭变味时有发生，有时因长期干旱，井水干竭，村民无水可饮。1986 年村委筹资埋设自来水管道，利用朝阳水库自然落差产生的压力，将无污染的饮用水接到每户村民家中，使每户村民都能用上免费的自来水。后来又投入 300 万资金建造优化自来水管道，保证了自来水的安全。

六、修建水渠激活池水

　　村中原有和塘、长塘、破塘沿、园里塘等多个池塘，以前村民洗衣洗菜就靠池塘，因长期未清污，塘水混浊，极不卫生，且滋生蚊蝇。2006 年，村委组织人力抽干塘水，用高压水枪对村内 14 口池塘进行彻底清洗，同时修筑塘堤及塘与塘之间的连接水渠，引入朝阳水库的活水，使各池塘的水流动起来，提高了村民的用水质量。

七、优化环境

　　村委十分重视环境卫生设施的建设，在绿化全村为村民提供一个舒适环境的同时，不忘清洁卫生，设立垃圾房两座，购买了 750 余只垃圾桶，配备了 4 名专职保洁员,每天定时对村里每户人家进行垃圾收集并及时清运,实行无害化处理。在村口新建公厕两座,配备专门人员保洁、管理。同时制定了村民卫生公约,进一步提高了村民的卫生意识。

八、改造龙溪

本村龙溪新桥至古月桥有一段约 500 米的溪堤,由于长年累月人走车压和溪水冲刷,已残缺不整,影响行人行车,影响村貌。2004 年村委组织人力进行了整修砌垒,使护堤整齐美观。2014 年结合"五水共治",义乌市政府拨专款 980 余万元,对龙溪两岸溪堤再一次进行全线整修。历时一年,共计用去土石方 1000 立方米,条石 300 立方米,鹅卵石 200 立方米,木栏杆 340 米,地板 980 米。新筑溪堤 5306 米(左岸 2509 米,右岸 2797 米),新建桥梁 4 座,新筑拦水坝 5 座,埋设直径 2 米的涵管 4 根,建木栏杆 800 米,铺设地板 800 平方米,新建两岸便道 6000 余米。两岸共种植樟树、桂花树、杨柳树、海龙球等各类树木 6000 余株,使龙溪全线面貌焕然一新。

改造后的龙溪一段

第六篇 经济史略

一、土地改革

1949 年前，本村土地集中在地主、富农、宗祠手中，大多数贫下中农须向地主、富农和宗祠租种土地。租种者须向地主、富农和宗祠定额交付租谷，租谷按土地等级每斗（4 斗为一亩）50 斤、40 斤、30 斤交付，且必须是燥谷，旱涝不减。一般情况下，地主、富农出租的土地收租较高，宗祠出租的土地收租较低。过去由于粮食产量低，平常年景下，一斗田收谷一担，俗谓"斗田担"算是好田，较差的田如沙田、山田、旱田收成要差许多，如遇旱涝灾害还要减产，甚至颗粒无收。本村农户中如本人劳力强，又能较多租到宗祠好田耕种，每年交租后所剩粮食再搭配荞麦、番薯等粗粮，勉强可够一年口粮，但这只是一小部分农户。而大部分租种地主、富农或少量宗祠田的农户，交租后留下的粮食一般只够半年口粮，另一半要靠种植大量荞麦、番薯、六谷、萝卜、青菜来弥补，一到青黄不接之际，所有妇女儿童都会到野外采挖田荠、紫云英、苦野菜和葛根等充饥直至大小麦收割。对于少部分无地农户，他们只好靠做长工、打短工、卖柴、挑担、拉车等出卖劳动力来养家糊口。

中国共产党为改变农村土地所有制，改变农村广大贫下中农的生产、生活环境，1950 年 6 月，中央人民政府颁发了《中华人民共和国土地改革法》。同年 8 月政务院颁布《关于划分农村阶级成分的决定》，接着剡溪乡政府派出了土改工作组进驻本村，发动广大群众，依法没收了 6 户地主的土地、山林、耕畜、农具及多余粮食、房屋和家具，征收了宗祠所有土地和富农的部分土地，共计征得土地 2235 亩（包括旱地 248 亩），折成斗数为 8940 斗。当时本村参加土改人口有 518 户 1649 人，平均每人可占有土地 5.42 斗。土改工作队根据上述实际情况制定了"进 5 退 6"标准分配给本村所有雇农和贫、下、中农。所谓"进5退6"标准，即对于无地、少地的雇农、贫下中农，按家庭所有人口每人5斗分进，对现有租种土地超过平均每人5斗的农户，可按每人6斗留足后将多余部分退出，对于部分无房和缺少农具、家具的特困户，还分给房屋、农具和家具。1952年，义乌县人民政府根据每户贫下中农和雇

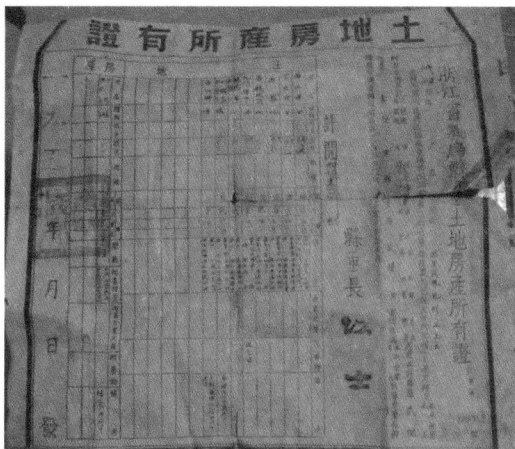

土改后义乌县人民政府所核发之土地证

农分配到的土地面积颁发了《土地所有权证》，从此，本村所有贫下中农、雇农都有了自己的土地，彻底改变了农村土地所有权制度，奠定了本村发展经济的基础。

二、农业合作化

土地改革后，广大贫下中农虽然分得了土地，但有部分农民，因原生产条件差、资金缺乏或自然灾害等因素，出现了借高利贷和典卖土地等现象。为防止出现新的两极分化的现象，党和政府鼓励农民走互助合作道路，在剡溪乡政府的指导下，1950年起，本村部分农民自发成立了"以工换工，劳值结算"的互助组。互助组不改变农民生产资料所有制和农民一家一户的生产经营权，组织松散。

1954年，党中央发表了《中国共产党中央委员会关于发展农业生产合作社的决议》。本村在义乌县委和乡政府指导下，成立了8个初级农业合作社。次年又合并成立一个金星高级合作社，并根据《中国共产党中央委员会关于整顿农业生产合作社的指示》精神，推行包工包产包成本和超产奖励等管理制度。

三、人民公社

1958 年起,全国掀起大办人民公社高潮,同年 8 月,佛堂镇成立了佛堂人民公社。本村相应成立了佛堂人民公社赤岸管理区雅治街生产大队(后改为东朱人民公社雅治街生产大队)。本村大队下属有 24 个生产队,其中环院 4 个生产队,青头 1 个生产队,下庄 1 个生产队。

人民公社实行"一大二公""政社合一""工、农、商、学、兵"五位一体组织原则和"组织军事化、吃饭食堂化、生产集体化"的管理体制。根据以上原则和体制,本村也推行工资制、供给制,搞"一平二调"、大办食堂、大炼钢铁,搞粮食亩产万斤粮等一系列"左"的浮夸风,以致严重挫伤村民生产积极性,粮食产量连年下降,粮食严重缺乏,群众吃不饱饭,只好以野菜、糠饼充饥,致使许多村民营养不良,出现许多浮肿病人。对此群众非常不满。

1960 年下半年,开始纠正"左"的错误、制止"一平二调",退还了"平调"来的部分财产,解散了食堂。1961 年贯彻党中央《农村人民公社工作条例草案》60 条,确定人民公社三级所有,队为基础,生产队为基本核算单位的体制。实行劳力、土地、耕牛、农具"四固定",分给自留地,鼓励发展家庭副业。自此,本村农业生产逐步恢复和发展,村民生活也逐步得到提高。

1983 年实行政社分设,东朱人民公社改为东朱乡人民政府,本村改成雅治街村民委员会,从此人民公社制度彻底退出历史舞台。

四、家庭联产承包责任制

人民公社管理过于集中,分配实行平均主义,抑制了农民生产积极性,使粮食年产量长期不能提高。为了提高群众的生产积极性,1978 年12 月党的十一届三中全会重申了实事求是的思想路线,为农民体制改革奠定了思想基础。1980 年 9 月党中央又发出《关于进一步加强和完善农业生产责任制的几个问题的通知》。党中央的通知,极大鼓舞了群众,解放了村民的思想,有的生产队准备分户种粮。1981 年 9 月,义乌县委组织干部深入农村,组织指导农村落实家庭联产承包责任制。本村在县委指导下,先采取如"包工、定额计酬和田间管理到人,再包产到组,联产计酬",到最后全面推行家庭联产承包责任到户。

五、农业生产规模化

在联产承包责任制的基础上,为使农业生产规模化,以利于实现机械化耕作,以及粮食产量的进一步提高,从 21 世纪开始,村两委不断鼓励本村几个种植能人向个体农户租种土地,使土地逐步集中起来、连成一片,实现农业机械化耕作。经过十多年的发展,本村有朱建胜、朱雪江、朱昌能、朱军号、金来根等五户种粮大户,他们共计承包了 1200 亩土地,占本村全部土地的 60% 以上,初步实现了种粮规模化、生产机械化的目标。

第七篇 农 业

一、农业科技

(一)耕作制度

明清时期,本村一年只种一熟或两熟作物,以迟中稻为主,秋冬闲置田较多,只有一小部分种荞麦、豆类、胡萝卜、绿肥、油菜,清宣统年间才开始种大小麦。民国以后,本村开始种植大麦、早中稻、豆、荞麦、玉米、糖梗等,变二熟制为三熟制。中华人民共和国成立以后,本村的耕作制度也随全县的耕作制度变化而变化:

1953年前以种早中稻为主,"老三熟"次之。

1953年至1956年,实行稻谷"三改",即改迟中稻为早中稻,改一熟为二熟、三熟,消灭闲置田,改低产作物为高产作物。

1963年,大力推广双季稻、金秋作物,以种植双季稻、秋玉米和番薯为主。

1964年至1970年,稻谷改高杆为矮杆。

1971年至1985年,发展春粮(油菜)—早稻—晚稻新三熟制。

(二)良种推广

水稻:解放前,水稻品种单一,只有1—2个品种,产量低。

1955年,本村开始推广双季稻,品种有"陆财号""莲塘早"等。

1963年,改长杆为短杆品种,早稻推广"矮脚南特号",晚稻推广"农垦58"。

1980年后,早稻推广"浙辐802号""二九丰",同时全面推广杂交水稻。

1990年后,推广杂交水稻优良品种"协优46号""汕优63号"。

番薯:解放前本村种植的番薯只有"红皮黄心"和"红皮白心"两个品种。

20 世纪 60 年代,推广"胜利百号""港头白"。

1975 年后,推广"红红一号""丽群 6 号""392""徐薯 18 号""日本大白"。

20 世纪 90 年代以后,大力推广紫薯品种。

马铃薯:又称洋薯,长期种植本地品种,20 世纪 60 年代以后,大量引进大种洋薯品种,有"镇九号""主夏薯"等。

糖梗:中华人民共和国成立前,本村种植的糖梗只有一个竹篾种,俗称土种,其特点是成熟快,但产量低。一般亩产 2 吨上下,且红糖出糖率只有 8%。

1954 年从浙江农科所引进"印度 290",亩产达到 5.14 吨,亩产红糖比土种提高 2.5 倍。

1956 年引进"印度 290"的同时又引进广东的"爪哇 2875""爪哇 3016""台糖 134""台糖 108"等品种。

(三)农机具推广

解放前,本村农耕、翻泥、锄草、开山、挖土主要靠锄头、铁耙,翻田靠牛犁,耙田靠木耙,锉田靠耙锉,抗旱靠水车,稻田除草靠田耙,割稻用镰刀稻桶,净稻用风车,碾米靠踏台,磨粉用石磨,等等。使用这些铁木制土工具,效率低,劳动强度大,为了提高劳动生产力,减轻劳动强度,本村从 20 世纪 50 年代开始重视推广新农具。

1953 年开始用背式喷露器喷洒农药杀虫。

1955 年开始使用脚踏打稻机打稻。

1956 年开始使用胶轮手推车运货。

1957 年开始使用手扶拖拉机犁田。

1985 年开始使用中型收割机收割水稻。

2001 年部分农田开始使用大型拖拉机、收割机犁田割稻,到目前已有 60% 农田使用大型拖拉机、大型收割机和烘干机犁田和烘干谷子。

（四）化肥农药的应用

20 世纪 50 年代以前，本村农业生产所用肥料，主要靠人肥、栏肥、草木灰、焦泥灰及部分种植的草子（紫云英）等，因受数量和效力的限制，往往不能满足植物所需肥力，从而影响产量的提高。50 年代开始引进"料精""肥田粉"，有硫酸铵、氯化铵、石灰氮、钙镁磷肥、磷矿粉、过磷酸钙等。70 年代大量使用氨水、碳酸氢铵。80 年代多用尿素、复混肥、三元复合肥、氯化钾等化学肥料，大大增加了土壤肥力，粮食产量不断提高。

解放前，水稻若遇病虫害，且无农药可施，农民往往损失严重，解放后，曾施用 DDT、六六粉等化学农药治虫，继而使用 1605/1059 两种剧毒农药用拔浇方式防治病虫害，随着科技的进步，有机磷、有机氮等剧毒农药逐渐减少使用，偏重使用高效低毒农药。

二、种植业

水稻：水稻为本村主要作物，也是本村村民主要口粮，因此每户把土地的大部分用来种水稻。解放前本村水稻只种单季，解放后为了提高粮食产量，改单季为双季，并不断推广优良品种，粮食产量不断提高，从而改变了解放前农户糠菜半年粮的局面。

大麦：大麦是养猪的精饲料，农户在猪出栏前一两个月，要喂其大麦，会起催肥作用，因大麦在小满前才能收割，影响水稻的插秧期，所以农户不愿大量种植。

小麦：小麦是农户每年青黄不接时的主要口粮。解放前每户都会种植，但因小麦比大麦还要后熟，更影响水稻插秧期，故一般种植面积更少。

荞麦：过去荞麦是本村秋季主要作物，农家每年所收稻谷大部分需要交租，所剩稻谷大多不够一年口粮，靠多种荞麦来补充，荞麦成熟期较短，一般冬季前即可收割。因其产量较低，且解放后粮食产量逐年提高，农户不再缺粮，所以种的人很少。

番薯：番薯也和荞麦一样，过去都是农民的口粮，每户必种，冬季农间时作为主粮使用。解放后，农家粮食充足，种植番薯的人家也就不多。

油菜：油菜籽是菜油的主要原料，农民种油菜主要用菜籽加工菜油，解决全家一年中煎、炸、炒餐桌上各种菜蔬之需。

胡萝卜：胡萝卜是农户养猪的主要饲料，每户必种。20世纪80年代以后，本村农家不再养猪，胡萝卜自然也无人种了。

糖梗：蔗糖是本村主要经济作物之一，糖梗生长期需要九到十个月。因此每年开春农家就开始育苗，俗称"下糖梗种"。至冬季前后才可收割，接着榨汁制成红糖出售。至20世纪70年代，农民觉得种糖梗不如种甘蔗合算，又纷纷改种甘蔗，一时种甘蔗极盛，雅治街成为义乌甘蔗生产基地之一。

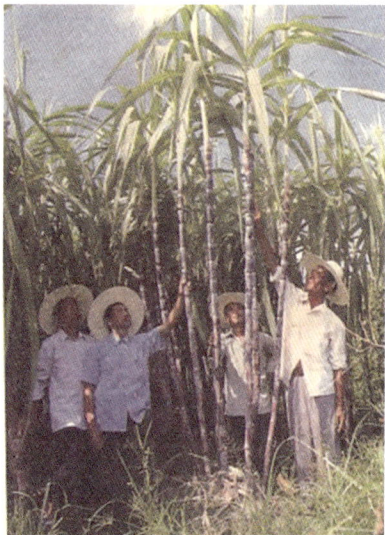

甘蔗种植大户在检查甘蔗生产情况

白芋：近年来发展的一种经济作物，由专业户收售，种的农户不少。

蔬菜：解放前，晚稻收割后，每家农户都要种大量蔬菜，包括长梗白菜、荠菜、萝卜等等，春夏季还要种茄子、黄瓜、白皮丝瓜、南瓜等。农家所种各类蔬菜，基本都自吃，很少出售。

三、养殖业

养猪：养猪是传统的农家副业。本村大部分农户都会养一两头，多的三四头。农户养猪，既可以增加现金收入，又可以增加肥料，所以农家都十分重视。

农家养猪一般一年出栏两次，大都半年一次，每次出栏前，首先联系小摊主，摊主要实地看过，认为已符合出栏条件，谈好猪肉价格，定好出栏日期，再由屠工上门宰杀，农户必须将猪肉送到摊主摊位上才能结账。

20世纪80年代后，随着各地养殖业的发展，农用化肥的全面推广，人肥、栏肥不再需要，再加上农民经济收入增加，个体养猪已无意义，农家养猪逐渐减少直至消亡。

养牛：农家养牛为农耕，牛粪也是农作物溉肥。农谚说："人要肥黄花炖猪蹄，田要肥牛栏垃圾泥。"解放前本村大约 30 余户养牛，一般家庭自养水牛一头，也有养两头的，但占少数。养牛户除自耕外，还承包其他农户的耕、耙、耖的任务，一头水牛可为养牛户增加不少收入，所以牛主人非常爱护自养耕牛。解放后，随着农业科技的进步，耕作方式的改进，农业机械化的应用，养牛农户逐渐减少，至今本村已不再有人养牛。

养鸡：本村农户养鸡也与养猪一样，基本上家家户户都养，少则四五只，多的十几只甚至几十只。农户养鸡作用：一是有鸡蛋招待客人，旧时习俗客人来了一定要用鸡蛋招待客人（子汤）；二是可以用鸡蛋和鸡毛换取油盐酱醋、针头线脑等日用品，旧时农家平常很少有现金收入，无钱购买日用品，主要靠卖鸡蛋钱去买，急时甚至直接拿鸡蛋换取。改革开放后，随着经济的发展，农民收入增加，大部分村民不再养鸡，而是由个人集资创办养鸡场。

第八篇　山　林

一、山林原貌

本村地处丘陵低山地区，东有白象头、黄泥山；西有一大片丘陵，名西山；北有朝阳庵山峦，总山林面积约有 3000 亩左右，自然条件优越。20 世纪 30 年代以前，东、西、北三面树木茂密，古树名木很多，特别是祠堂山、照山、白象头、黄泥山、西山畔、龙溪北岸、青头、下庄等地都长有大批古松树、古橡树、古枫树等，牛路畈一带的溪堤两岸及田间还生长了许多柏树，朝阳庵山峦什柴倭林也十分茂密。整个环境郁郁葱葱，一片绿色景象，雅治街村庄犹如坐落在一幅山水画卷中。

二、山林破坏

20 世纪 20 年代末，本村引进糖梗，利用种植的糖梗榨取红糖出售，增加农民收入，一时种植糖梗极盛，几乎每户都要种上 1—2 亩。一亩田糖梗榨成糖汁再熬成红糖，以 200 斤红糖计算，要烧去什柴 40—50 担。本村每年大约有 400 亩左右糖梗，单这一项每年就要烧去什柴 15000—16000 担。在过去农户烧饭做菜主要靠什柴，全村每年单此项烧去什柴也不会少于此数。因此每年要烧去什柴 3 万担左右。什柴生长需要一定时间，如此大量砍去，导致生长与砍伐之间失去平衡，以致什柴茂密度逐年减低。至解放初期，朝阳庵、西山一带再无什柴可砍。但此时只是对低矮绿化影响较大，对高大树木影响不大。1942 年本村沦陷，日军进驻环院，开始砍伐大量树木用于造炮台，做路障，烧木炭。其中，烧木炭长年累月地进行，影响尤大。1942—1945 年，日军在本村整整烧了三年木炭。至日军投降，祠堂山、照山、白象头、黄泥山一带所有大小树木均被砍光，只留下西山畔、青头、龙溪北岸少数树木。1958 年，全国开展大炼钢铁运动,本村也跟风大炼钢铁,利用废旧铁和铁砂做原料进行土法炼钢,炼钢需要煤炭作燃料,而义乌又无煤炭可供,只好砍树烧成炭再拿去炼钢,结果西山畈、青头、龙溪北岸仅留的少数树木也被砍光,只留下村西面两棵大樟树。至此本村四周已无绿化,暴露的只有光秃秃的山头,黄色的土丘,生态环境严重恶化。

三、山林管理与恢复

本村有山林 2900 余亩,由于解放前山林受到严重破坏,致使生态环境、群众生活和农业生产受严重影响。解放后,人民政府十分重视山林保护和生态修复工作,多次下达文件,要求各级政府采取措施进行"封山育林"工作。本村从 20 世纪 60 年代后期开始,根据上级指示,由当时生产大队实施"封山育林"。首先进行"封山育林"重大意义宣传,使每个社员都知道当前进行"封山育林"的重要性和必要性。其次是成立五人护林队,负责守住各进山口,不准社员随便进出"封山育林"区,防止社员偷砍什柴和树木,一旦发现偷砍什柴和偷伐树木者,立即报告大队部,对其进行严重处罚。第三,对每户社员烧饭做菜所需的什柴,规定于每年秋季,由大队按生产小队划分砍伐区,定时定量集体砍伐一次。以上措施实施几年后,收到了一定效果,基本上刹住了以往滥砍滥伐的不良风气。1966年佛堂办起了"义乌糖厂",大量收购糖梗做原料,机械化生产白糖,本村农民开始把糖梗卖给糖厂,换取现金,不再自己生产红糖,省去大量什柴,减轻了"封山育林"的压力。随着改革开放的深入,农民经济的发展,农民收入不断增加和农村生产生活电气化、燃气化,自古以来农家煮饭炒菜依靠什柴的习惯,自此得到彻底改变——现在是烧水煮饭用电器,炒菜用煤气。

过去农村建房以砖木结构为主,80 年代后,农村建房用的是钢筋水泥,门窗采用铝合金、塑料、合金钢管等,木门、家具成套购买,上山砍木材建房的事情不再发生。这些为保护山林,发展山林起到了决定作用。现在本村所有山林,都已长得郁郁葱葱、茂密繁盛,除高大树木外,基本上恢复了原貌。在朝阳水库边,山林恢复后景色宜人,享有"小九寨沟"之美誉。

2009 年,本村开展了"森林村庄"的创建工作,在村的四周及村内空地、房前屋后进行了绿化，彻底改变了村庄绿化环境。

春色

秋景

第九篇　水　利

本村地处丘陵地带，无大江大河，农业生产全靠山水灌溉。山水流量极不稳定，一遇大雨、暴雨或较长时间下雨，溪水就会急速上涨，容易冲垮溪堤，冲毁农田。但一到夏秋季雨水小，溪水就会断流，容易出现干旱。因此本村农业生产基本靠天吃饭。

中华人民共和国成立后农业开始走集体化道路，在共产党领导下，动员集体力量，组织全体农民开始建设水利工程。

1956 年开始建设琴塘水库，历时 3 年完工，储水量 4 万立方米。

1958 年开始建设友谊水库，历时 1 年完工，储水量 7 万立方米。

1963 年开始建设里山塘水库，历时 1 年完工，储水量 7 万立方米。

1964 年开始建设铜锣形水库，历时 1 年完工，储水量 3 万立方米。

1963 年开始建设朝阳水库，到 1974 年才完工，历时 11 年，储水量达 36 万立方米。

以上 5 个水库，总容量达到 57 万立方米，先后历时 19 年。以上水库建成后，解决了本村农业生产上的旱涝保收问题，对本村农业发展起到了决定作用，但也使本村农民付出了极大辛劳。据统计在长达 19 年的水库建设中，平均每个劳动力须义务挑土方 120 立方米以上。为了完成挑土方任务，有的家庭男女老少齐上阵，挑的挑、拉的拉、扛的扛、背的背，起早摸黑，不管风雨。与此同时本村还每年都组织大批劳动力支持柏峰水库建设。而那时又是最困难的时期，大家吃不饱饭，只好吃野菜、糠饼充饥，营养不良，浮肿病多发，但这一切都不能阻挡村民的积极性，他们以一种大无畏精神，决心要改变靠天吃饭的局面。

第十篇　工商业

一、民营企业

解放前本村无工业,改革开放初期,本村曾陆续办起碾米厂、榨糖厂、酒厂、造纸厂、麻纺厂、藕粉厂等村办和私营企业。由于产品跟不上社会发展的需要而陆续停办。随着改革开放的深入,政府鼓励发展民营企业,在新形势下,本村民营工业企业如雨后春笋般发展起来,陆续办起了红木家具厂、塑料制品厂、饰品厂、胶水厂、箱包厂、服装厂、彩印厂等。特别是红木家具厂发展很快,从 20 世纪 80 年代的 1 家至今已发展到 19 家,年产值达到 2.5 亿元左右。现将民营红木家具企业和其他民营企业分别列表统计如下:

红木家具厂一览表

企业名称	创办人	建厂时间	员工人数
有为家具厂	朱有为	1994 年	86
鸿运家具厂	朱顺彪	1999 年	82
致韵家具厂	朱献明	2007 年	32
剑雄装饰材料厂	朱剑雄	2000 年	8
金驰红木厂	朱国全	2013 年	18
敬宾红木厂	朱献宾	2012 年	36
荣荣家具厂	朱荣荣	1995 年	16
升达家具厂	朱向华	1996 年	20
承明堂家具厂	朱文飞	2007 年	36
文轩家具厂	朱伟成	2010 年	38
艺德家具厂	姚贤明	2007 年	18
顶立红木厂	朱京荣	2006 年	36
古月樟家具厂	熊永平	2008 年	18
鸿铭红木家具厂	朱洪明	2012 年	26
晓明红木锯板厂	朱晓东	2010 年	6
笑笑家具厂	陆建富	2012 年	20

本村人在外地创办红木家具厂一览表

企业名称	法人代表	厂址
鸿新集团	朱武新	义乌佛堂工业区
珍木居红木家具厂	朱赤夫	东阳吴宁镇
朱仕红木家具厂	朱敬林	广西凭祥

雅治街红木家具厂生产的部分产品

其他民营企业一览表

企业名称	法人代表	主要产品
义乌顺安制衣厂	朱顺安	各种男女服装
义乌建平手袋厂	朱建平	手提包、箱包
义乌绿康纸杯厂	朱杨帆	各种纸杯
义乌浩欧服饰有限公司	朱兴良	各种内衣
义乌伟杰胶水厂	朱建民	各种胶水
义乌洪明货箱厂	朱洪明	各种货箱
义乌建凯火腿厂	朱建凯	火腿、盐油等
义乌古月玩具厂	朱永胜	各种玩具
义乌豪帆针织厂	朱嘉俊	护膝

家庭作坊式的小型民营企业一览表

企业负责人	主要产品	企业负责人	主要产品
朱波平	注塑机	朱成夏	婴儿用品
朱智标	塑料粒子	王春	婴儿用品
朱勇军	男女内衣	卢永军	木挂件

本村人办在外地的民营企业一览表

企业名称	法人代表	厂址
浙江红羚羊服饰有限公司	朱国荣	义乌荷叶塘
金歌箱包厂	朱国金	佛堂工业园区

二、手工业

本村旧时手工业以其运作方式不同可分为两类：一类是依靠本人所掌握的技能为基础，并设有固定经营场所之窑、坊、铺；另一类无固定营业场所，凭自身所掌握的技能为他人打工的称为工匠。

（一）窑、坊、铺

缸窑：本村缸窑为后大分人朱增裴于清末民初时期开设，地址在上谷畈，主要生产缸、罐、钵、坛等大小不一样的盛水盛粮器皿。本村被日军占领后，因业务清淡，无法为继，日渐衰落，最后倒闭。

砖瓦窑：俗称瓦灶。本村砖瓦窑有较久历史，其主要产品为土砖土瓦，为农家造房、打垟、打灶主要材料，所以能长期存在。砖瓦原料为黏土，所以砖瓦窑必须建在有黏土的地方。烧一窑砖瓦需要大量黏土，而租的面积又不大，因此过几年所租土地之黏土就会用光，又要重新租地建窑，所以本村砖瓦窑在牛路畈、青头、上谷畈、三角塘、下庄等地都建过。20 世纪 80 年代各地掀起了建房热，砖瓦所需量急增，于是各地又大造砖瓦窑，对农田破坏很大，因此政府下令禁止在农田上建造砖瓦窑，本村砖瓦窑从此停止。

榨油坊：俗称麻车，民国早期为街心吉房朱成章创办。坊址在前土分右前方，利用木制榨油机，收购当地农民的柏子、菜籽、芝麻、棉籽等制成柏油蜡块、菜油、麻油、棉籽油等出售，也开展为农民加工柏油、菜油等业务。到解放前，因朱成章年老无力继续经营，而又无人为继而歇业。

染坊：民国早期为后人分增滨创办于祠堂前东首。主要为本村和近村农家染色自织土布，由于工艺落后，只能染蓝黑两种颜色，业务不多。抗日战争爆发后，由于日军封锁自织土布原料——棉纱，织机大多停机，染坊也自然停业。

铁铺：本村铁铺多为外村人开设，地址多设在芝玉堂西首，主要业务是为本村农家秋收秋种时用到的工具，如锄头、铁耙、柴刀、镰刀等加工翻新。业务不多，所以铁铺每年只开业半年左右。

村民在织布

织布：过去本村的东阳媳妇很多，她们个个能织土布，在她们的影响下，原来不会织布的一些义乌媳妇也学会了这门技艺。所以解

村民在纺纱

放前本村村民大多穿自织土布。织布工艺很复杂,从购进棉纱到织成土布要经过几十道工序。本村农妇织成的土布基本上都自穿,但也有少量出售的。抗日战争爆发后,因日军封锁,棉纱断货,织布停止。抗日战争胜利后,自织土布又兴旺起来,解放后,棉纱由国家统购统销,农村土地合作化,农村妇女都参加合作社,都要参加农业劳动,本村自织土布逐渐减少。改革开放后,随着农村经济的发展,农民收入增加,农民穿着也发生了极大的变化,大家都不再穿土布衣裳而改穿时尚服装。

另外,本村有馒头作坊和豆腐作坊各一家,主要为本村人服务,规模很小。

(二)工匠

木匠:解放前本村有木匠10余人,但他们仍以务农为主,下半年农闲时才会为农家或修或做一些零星活。如遇一些较大工程,如嫁女儿做嫁妆,建房等需多人参加的工程,东家就会找木工技术较好有威望的领头人,由他组织一些木工一起参与,由东家管伙食,如去离村较远的地方,东家还要管住宿。20世纪80年代后,本村办起了多家红木家具厂,木工需求量大增,由于本村木工不多,因而聘请了大批外来木工。

泥水匠:解放前本村泥水匠也有10余人。他们也像木工一样,都以务农为主,下半年农闲时才会揽一些修漏、铺地、补垟、打灶等零星活。如有建房等大宗业务,也和木匠一样,由东家先找技术较好有威望的领头人,由领头人组织一班泥水工去打工。20世纪80年代以后各地掀起了建房热,为适应建房需要,各地出现了建房工程队,泥水匠大多加入了建房工程队,从此结束了泥水匠个人零星打工的局面。

缝纫工:俗称裁缝。解放前本村也有裁缝10余人,但大多数去杭州、金华、兰溪、香港等地打工,留在本村为农家服务的只有一两个人。抗日战争爆发后,外出打工的都纷纷逃回家,一时缝纫工多了许多,但又无业务可做,只好重新务农。抗日战争胜利后,原在外地打工的这部分人仍回原地打工。解放后本村许多年轻妇女学会了缝纫技术,但大多在外地打工或自开缝纫店。

油漆工:解放前本村油漆工人数很少,原因是油漆业务少。20世纪80年代许多青年人去了广州打工,学会了油漆技术。80年代后期本村陆续办起了多家红木家具厂,这部分人纷纷回乡在红木家具厂打工。另外还聘请了大批外来油漆工。

木雕工:本村紧邻东阳,东阳是木雕之乡,受东阳影响,许多青年都学会了木雕技术,他们有的去广州打工,有的在本地发展自主业务。20世纪80年代后,本村办起了多家红木家具厂,他们大多被聘请到红木家具厂打工,另外,还聘请了许多外地雕刻工来本村打工。

过去本村还有篾匠、石匠、园木匠等,但人数很少,都只有一两个人。解放后随着科技发展,碾米机械代替了土法碾米之踏台、石磨,塑料制品代替了木制水桶、稻桶、马桶、米桶等。因此,石匠、篾匠、圆木匠等根本没有业务,以致后继无人而绝迹。

三、商业

本村旧时商业活动主要集中在老街两旁。老街是磐安、东阳西南部、永康北部客商往返金华、兰溪、严州、衢州等地必经之路,本村西边邻村剡溪、施傅宅、青口、六石等地农民逢"二、五""三、八"赴黄田畈、洪塘集市,东阳邻村黄田畈、许宅、洪塘等村农民逢单日赶佛堂集市往返都要经过老街,因此老街整日行人不断,促进了老街两边商业的繁荣。街两旁除有10余家小什货店外,还有歇店(旅馆)、饭店、肉店、烧饼油条店、中药铺,还有馒头素面作坊、制糖作坊、打铁铺、染坊等,祠堂前有馄饨摊、肉饼摊、水果摊等。解放后随着公路四通八达,货物运输有了汽车,经过本村老街的行人逐渐减少,老街两旁的繁荣景象也随之消亡。

现在全村有商店12家,供应商品大多为小百什货、饮料、酱酒类、祭祀类用品等,也有少数店家兼营米面、肉、禽蛋、水产、豆腐、蔬菜等。20世纪90年代初本村四周交通开通,经过本村汽车较多,为迎合过往客人饮食需要,近年又开设了餐饮店 2 家。早上还有一些早点摊贩。

本村很早以前曾有过集市贸易。据明万历《义乌县志》记载,义乌县 16 个集市中就有野墅,至清嘉庆时义乌 29 个集市中仍有野墅在内。在民国初年不知何故,野墅集市被废。

1942 年,本村沦陷,日军在环院驻军,并组织有维持会。当时隔壁村洪塘集市很兴旺。日军为防止抗日组织在集市中活动,维持会想趁集市交易收取保护费,就强行将洪塘集市迁来雅治街,禁止洪塘再有集市贸易活动。雅治街集市中心设在祠堂前,兴旺时一直延至后溪中街。直至 1945 年上半年,环院日军撤至佛堂后,该集市才迁回洪塘。

改革开放后本村有些农户因自留地上种植的各类蔬菜吃不完,有的农户自养鸡鸭很多,常拿到芝玉堂前的空地上出售,时间一长,大家仿效,就形成了一个小型集市。到 21 世纪初,本村所有土地包括自留地都租给几个种粮大户耕种,农民再无多余蔬菜出售,鸡鸭也不再有人散养,因而也无鸡鸭出售,从此本村的小集市也随之消亡。

第十一篇 教 育

一、学前教育

雅治街学前教育始于 20 世纪 80 年代初，当时由雅治街生产大队创办了雅治街幼儿园，附设于雅治街小学内。幼儿园设备、开支、教师工资均由大队负担，幼儿入园不须交任何费用。后农业实行"联产承包责任制"，幼儿园也随势承包给本村朱红娟个人经营，幼儿园开支实行自收自支。因此，幼儿入学须交一定费用。后经数次转包，最后于 2012 年由金园兰承包至今。

现在的金园兰幼儿园有托班 1 个，小、中、大班各 1 个，共有学生75 名。

金园兰为幼儿园法定代表，朱颖为园长，另外设有保安 1 人，幼师毕业的专业教师 6 人。

金园兰幼儿园有教室 3 间，面积 300 平方米，教学内容根据儿童特点实施，托班以保育为主，小班教学以生活习惯、礼仪等内容为主，中班辅以相互合作、游戏等内容，大班则施与语言、故事、表现、绘画等内容。幼儿园入园须交本学期学费 1900 元，托班另加 300 元。

二、私塾与龙溪小学

本村在清光绪以前，对儿童的初级教育，主要以办私塾形式进行。上私塾要有一定的经济条件才行，因此只有少数家庭子弟才有机会上学读书，而大多数家庭子弟都被排斥在私塾门外，结果很多村民都成为文盲或半文盲。清光绪年间本村办起了族办私塾，族办私塾一切设备和请老师都由祠堂解决，本族子弟都可以入私塾读书，从此入学读书的儿童就逐渐多了起来。私塾的目的是让更多的儿童学会认字和写字，教的课程主要是"千字文""弟子规""四书五经"等,形式以背诵为主。

清光绪二十六年(1900),光绪皇帝下诏"废科举,兴学堂",规定学校为三级,即蒙学堂、寻常小学堂、高等小学堂等。蒙学堂简称蒙,即私塾,入学儿童年纪六七岁。虽清廷下诏废科举兴学堂,但地方大多都在观望,没有行动。本村已有族办私塾,与清廷要求相差不大,所以仍按当时形式不变。光绪二十八年(1902),清廷又颁布了《钦定学堂章程》,规定蒙学堂修业四年,设修身、字课、读经、史学、舆地、算学、体操等课程,但义乌等地大多未能实行,本村虽有所行动,但进展不大。

辛亥革命胜利,建立了中华民国,在国家大变革、百业俱兴的形势下,也推动了本村教育事业变革,成立了以璧斋先生为主的校董会,开始筹集经费建新校舍于祠堂西面,学校命名为"龙溪小学",计有校舍两大间,有上亩面积的操场一个,教室后面还有教师办公室和宿舍,以及孔子圣坛。学校设一至四年级4个班,是义乌办学较早和设备较齐全的小学。由于学校设施不断完善,教学质量不断提高,新的教学内容明显增多,从而不断吸收本族子弟入学,学生人数从原几十人增加到一百多人,教师也从1人增加到2人。

本村学生四年级学业完成后要继续升学,读完五、六年级,就必须到赤岸"国民中心小学"或佛堂"留轩""稠南"小学就读。如去上述学校就读,除了要交学费,还要一次性交足一学期的口粮、住宿费,还要自带蔬菜。一般经济比较困难的家庭交不起费用,只好放弃升学,不少本村子弟因此辍学。本村也曾试办过一到六年级全部课程,由于种种原因未办成。

民国三十一年至民国三十四年(1942—1945)本村被日军占领,学校全部停课,学生失学,老师务农,直至日本投降第二年才恢复上课。

三、雅治街小学与"五七学校"

中华人民共和国成立后,龙溪小学改名雅治街小学,学校由政府直接管理,教师由政府委派,除课程增加一些新内容外,其他并无什么变化。1958年全国掀起了以大办人民公社、大炼钢铁为主体的"多快好省"办一切事业的"大跃进"运动。在此形势推动下,雅治街小学改名"五七学校",

增设了初中部,小学改为五年制,初中改为两年制。教育内容减少了理论课程,增加了实用性课程,如农机修理、电器修理等。学生一下子增加到了 350 余人。由于学生人数急剧增加,教室、课桌等教学设备严重缺乏,学校只好在后面操场上搭起两大间茅草棚,又在祠堂后进大厅东西两头隔成两大间,共四间临时教室,没有课桌就利用门板搭在长凳子上上课。在如此艰苦的条件下,雅治街"五七学校"一直坚持办学,直到 1980 年前后,全国高等学校已正式恢复高考,教育秩序也恢复正常以后才撤销。此后,恢复了雅治街小学的建置。20 世纪 90 年代,政府为集中资源,提高教育质量,撤销了雅治街小学的建置,把全部学生并入赤岸镇小学就读,这样做的好处是九年制义务教育可以在一起完成,因为赤岸镇还有一个赤岸镇中学,但也带来了儿童过早过上独立生活的问题。

在雅治街小学(包括"五七学校")任教过的部分老师名单

冯挺式	校长、赤岸人	金来水	环院人
冯树昌	校长,乔亭人	金君湖	环院人
滕彩菊	校长,剡溪人	张仙茹	佛堂人
金 泉	校长,环院人	王铃华	佛堂人
朱孝辉	校长,剡溪人	王泽良	佛堂人
朱樟贤	校长,本村人	周碧球	赤岸人
朱中文	校长,本村人	楼惠香	赤岸人
陈终球	校长,后宅人	钱雅芬	义乌稠城人
王建忠	校长,田心人	许基竖	东阳许宅人
朱加民	东朱人	陈军洪	下前旺人
朱松荣	东朱人	徐金芳	下前旺人
朱仲海	东朱人	王同鑫	下前旺人
朱贤生	东朱人	叶守诚	石城人
方海仙	东朱人	陈新安	薛村人
朱桂荣	东朱人	王光升	田心人

冯荣富	乔亭人	王秋兰	王宅人
冯云昌	乔亭人	王宏省	塔山人
冯寿高	乔亭人	朱樟宝	楼仓人
冯文艳	乔亭人	陈汉法	剡溪人
金黎青	乔亭人	石成国	佛堂镇石宅人
朱肇成	本村人	王同法	毛陈人
朱成巧	本村人	王满光	东阳人
朱顺清	本村人	丁素凤	佛堂人
张洪荣	本村人	王松芳	佛堂人
郭松茶	本村人	陈和香	佛堂人
张春芳	本村人	黄克林	佛堂人
何樟根	何斯路人	吴彩富	佛堂人
陈兴邦	塘西人	余新妹	佛堂人
张处祯	义乌稠城人	毛文林	毛店人
杨青妹	上谷人	丁成学	稽亭人

四、试馆与学田

　　雅治街朱姓是个名门望族,历代祖宗崇尚读书,千方百计为子孙创造入学取仕的条件。清道光二十六年(1841),本族诸先辈为子孙赴金华应试有个落脚点,不至于为找安顿的地方而花费时间和精力,从而影响考试,花全力募集资金1584400文,购得金华石板巷五龙堂庙斜对面坐东朝西民房七间,作为本村学子赴府应试的寓所,不幸在清咸丰年间太平军攻陷金华时被毁。为恢复原有设施,清光绪十二年(1886),本村先贤们再次集资42元大洋,购买府试院后面民房数间,取名"龙溪试馆",为本村赴府试之学子解决生活上的后顾之忧。至民国十七年(1928)因废科举后试馆已无存在必要而出售,所得300大洋全部拨给了"龙溪小学",作为学校发展基金。从以上事实可以看出先辈们对本村教育事业的重视。

设立学田是本村祖先为鼓励本族子弟读书的又一重要举措。本村最早设立学田的是义四公。公讳汝梁,为街心二房第二十四世孙。他在乾隆十四年(1749)就拨田 3.28 亩用作学田。随着读书子孙不断增多,需要在经济上更多帮助和鼓励,各房纷纷效法设学田,至清末本村共有 28 个房常祖设立了学田,总数达到 103 亩。

学田的分配形式主要以房的范围进行,各房视其学田租谷收入多寡而各不相同,有的房常祖名下学田多,而读书子孙不多,其子孙读书不但小学学什费不须自己支付,甚至上初中、高中都可免费或只付部分就可。有的房常租名下学田少,而读书子孙不少,其子孙读书的费用就要完全自负或负担部分。

第十二篇 文 化

一、锣鼓班

本村锣鼓班在清末民初最为盛行。据传下街头、前大分、礼常都有锣鼓班组织,人数十二到十五不等,有的锣鼓班以本房人为主吸收个别外房人组成。参加锣鼓班的人平常都喜欢吹奏乐器,也会唱几句折子戏,所以组织起来以后稍做排练就能作锣鼓细乐的吹打演奏和戏曲剧目的念白坐唱。锣鼓班演奏不需要很大场地,只要能放下两张方桌,能容下班子成员和部分听众就行。锣鼓班演奏时大家围坐周围,成员既要吹打演奏,又要念白坐唱,精力须十分集中才行。锣鼓班奏唱剧目以传统历史剧为主,有正本,有折子戏,常听的有《琵琶记》《火焰山》《百寿图》《打金枝》《龙虎斗》等。锣鼓班因组织简单,不需行头,演出不受场地限制,各个传统节日都可以组织演出,所以很受大家欢迎。本村锣鼓班后因抗日战争爆发,时局不稳,后继无人而逐渐衰落以至湮没。

二、文艺宣传队

解放初期,由于政治宣传的需要,本村组织有文艺宣传队。其主要任务是宣传共产党、毛主席领导农民闹革命,揭露反动派、地主剥削农民罪行,发动农民起来与反动派、地主、土匪恶霸做斗争。宣传队的宣传形式主要以小型演出为主,内容有《小放牛》《兄妹开荒》《白毛女》等。后来队员有的参加工作,有的结婚,因人员流失而解散。

三、秧歌队

扭秧歌这种表演形式流行于山东和陕甘宁一带,解放后传于南方,一时十分盛行。本村也组织有秧歌队,参加的都是青壮年妇女,表现形式是在队伍行进步伐中用进二步退一步并配以扭动身体的方法表现技巧。这种表现形式,主要用于游行、集会过程中。随着社会发展,游行集会等大型活动逐渐减少,扭秧歌这种表演形式也逐渐退出了历史舞台。

四、业余剧团

据传本村在清末民初时期,曾经有过业余剧团,但说法模糊,无法记述。至 20 世纪 50 年代后期,由朱成勇、朱华生、朱成立、金树贤、朱成庚等一批爱好戏剧的男女青年自发组织了"雅治街业余婺剧团",有演员 40 人,乐队(后台)10 人。其中主要演员有:小生朱成勇,花脸朱华生、朱长春,花旦朱凤仙、朱子春,正生朱成立、金树贤,丑角朱成庚、朱顺正,老生金树芝、朱顺忠等 10 余人。服装(行头)部分来自环院早先业余剧团留存的服装,部分购自金华婺剧团淘汰的旧服装。演出的节目有:《打登州》《二狼山》《天宝图》《恩仇记》《白鹤图》《碧桃花》《火烧子都》《情义恨》等 30 余部传统正本剧,以及《百寿图》《罗成投唐》《校店杀僧》《九件衣》等 40 余出传统折子戏。同时配合当时形势教育,还演出过《林海雪原》《红灯记》《沙家浜》《红嫂》《海岛女民兵》等现代戏。雅治街业余剧团除在本村演出外,还曾被邀请至佛堂、黄田畈、毛店、尚阳等地售票演出,社会影响很大。后因在"文化大革命"中,服装被当作"封资修",被红卫兵烧毁,剧团无法演出而解散。

业余剧团之戏剧服装

五、祭祖

本村朱氏子孙在各个传统节日都会举行祭祀活动,这虽带有一些迷信色彩,但同时也包含浓厚的传统文化,特别是每年的春节祭祀活动。

本村春节祭祀活动,从年三十下午就开始了。这天下午,各户各厅堂都要清除杂物,打扫卫生,挂上历代祖宗容像,摆上执事,供上祭品,点香燃烛,堂中央还会架设各种打击乐器,如铜锣、鼓等,供孩童打击取乐。从这天开始,各厅堂时不时会聚集同房的大人小孩,时时会传出各种嬉戏声和乐器的悦耳声,形成一派祥和喜悦的气氛。这些活动一直延续至年初四才结束。至元宵又以同样形式祭祖四天才结束整个春节的祭祖活动。

年初一祠堂祭祖是一年中所有祭祀活动中最为隆重的。这天一早祠堂就大开中门,族长、祠理集体迎接始祖像(即始祖带来之铁罗汉,平时藏在增塾家)至祠堂,供全族子孙集体参拜。礼毕,由祠理主持分馒头,男丁每人一双,70 岁以上男丁、小学毕业加一双,初中毕业加两双,高中毕业加三双,大学毕业加四双,从精神上鼓励子孙读书。最后由族长对全体子孙宣讲族规族训和国家刑法,详细解读族训:孝、悌、忠、信、礼、义、廉、耻、仁、诚、勇、恕、勤、俭、谦、和十六字的含意,以及国家刑法中容易触犯的条目,以促使全体族人对族规族训和国家刑法的遵守。这实际上是一次对全村人道德品质的教育。

雅治街还十分重视用族规族训对学生进行道德品质教育。每年春秋两季小学开学仪式后,要由校长或教师详细讲解族规族训。学生实践毕业时,要达到能背诵族规族训全文的要求,以此来达到教育全体子孙,树立中华民族之道德基础的目的。

六、龙灯

元宵兴龙灯,俗称迎灯,义乌各地都十分盛行。雅治街元宵迎灯从正月十二开始,至十六结束。实际上此前数天各家就开始准备了,大家纷纷采购红烛和各色彩纸,重新糊制灯笼。大家把元宵迎灯当成求取平安吉祥的一种愿望,所以每户都乐意参与,每户都会举灯一桥。如遇有重大喜事的,如结婚生子,儿子考进大学的人家,就会多迎几桥,所以雅治街每年元宵龙灯都能够形成 300 多桥的长龙,十分壮观,远近闻名。

群众在灯头前祭拜

盘灯

迎灯途中休息

七、纂修族谱

圣有经,贤有传,国有史,族有谱。谱者,载世系,记人事,明昭穆,清源流,别长幼,赞孝贤,族之延伸者也。正因为族谱承载如此丰富和重要内容,本族历代先贤们都十分重视纂修本族族谱。早在明永乐十八年

（1420）就开始了第一次修谱，继嘉靖四十年（1561）、万历四十六年（1618）、顺治二年（1645）、康熙二十年（1681）、康熙五十九年（1720）、乾隆二十六年（1761）、嘉庆四年（1799）、嘉庆六年（1801）、道光十六年（1836）、咸丰二年（1852）、同治五年（1866）、光绪五年（1879）、光绪十七年（1891）、光绪二十七年（1901）、宣统三年（1911）、民国十年（1921）、民国二十五年（1936），以及最近（2000）一次，共计修谱 19 次。时间延续 580 年。在这漫长修谱过程中，历代先贤们积累了丰富的经验，内容有信有证，时间也越修越勤，至清末已定制 10 年一修。为使修谱常态化，从嘉庆戊寅年（1861）起，专门成立由 8 人组成的"谱常理事会"并沿袭至今，负责族人平常生卒和人员流动外迁等登记，经费筹集等工作，为下一次修谱做准备。为使修谱工作规范化，保证纂修宗谱的质量，于民国二十五年（1936）谱常理事会在总结历次修谱经验的基础上，又制订了谱例 16 条：

1. 本谱各标目序次已于新增凡例说明兹特从略。

2. 书行次先以父行冠于本行之上格次书讳书字书号书生卒及娶氏书某处书生卒书葬某地书子某书女适某处某姓名以详一行之原委。

3. 凡属仕官绅即于行次之下特书前程次书书讳字所以重名器也。

4. 登谱以行讳生卒见闻确实者书之或有亡失者缺而不书不敢驾空鏊无蹈冒妄之诮盍信以传信疑以传疑也。

5. 祖父有善可录如孝弟友爱和睦乡党名望异常与妇人女子有贞烈节义者需作传赞志铭以励其后。

6. 凡有立继者宜论亲如亲无不取不得不论但乞养异姓者不书其乱宗也自嘉庆己未年修谱后或有出继于异姓者亦不书其弃宗也。

7. 立继者生父之下书第几子某出继某为嗣继父之下书继某第几子某为嗣。

8. 嫁出复有归老于儿孙者义绝于夫不与合葬其主不得入庙谱不书卒。

9. 妾母宜书侧室不得书又娶前有已书者姑勿改正自嘉庆己未上修谱后现在侧室仍载侧室所以分嫡庶也若婢则更降等矣。

10. 谱之设也祖考之本源于是手存子孙之繁盛于是手见所出非轻也

自谱成之后凡派下藏执者务要慎重不可秽亵涂注且所领之谱各有编册字样毋使彼此混乱团谱之日各携祠中对验倘有私自涂注与恃顽不携或因别情伪称失落者先查问房长后会同族长察其情轻重从实议罚不得徇庇。

11. 谱成即另立二簿一名曰记生一名曰录卒择族之齿德者兼尊者掌之以春秋两祭报名入簿书宗人之年月日时以俟他日重修宗谱便于排行登载庶不至昭穆紊而生卒有阙文云。

12. 宗谱二十一册又松边币常谱一册共廿二册以后重修如有欲增做一册者须出谱币洋廿元准否由常定夺其前任旧谱团谱日交祠存毁所以昭慎重也。

13. 名字要避祖讳此乃礼法大闲子孙命名宜慎之如有犯讳应即易。

14. 各房领取谱牒均需谨慎珍藏不许轻借人阅视致发生意外情弊。

15. 凡牒中立传须以男子有德行足资矜式女子有节操及贤德堪作闺范者方得为之若全无实迹无论何人不得妄议立传。

16. 凡因忠孝节义褒典及各项官阶委令暨学校毕业证凭初次入祠者定于春秋祭之日诣祠先献出验明属实方准缴费入祠与受祭受馂。

祭谱是所有祭祀活动中最为隆重的,祭谱日期一般都会选在农闲时令节日时间,如清明或正月,这样便于族人有时间有精力操办。祭谱期间,嫁出女儿、在外务工人员都会争取返回家乡,其他亲戚也会来凑热闹。祭谱日,族长、祠堂理事及村民一早就会云集祠堂,祭祀仪式开始后,先由族长、理事依仪参拜始祖,接着各辈分最年长者依次传递新纂宗谱,意为宗谱代代相传,最后由族中年长智者宣读祭文。祭文要写成四字一句,内容多为颂扬祖宗美德,祖泽后昆,新纂宗谱,望意接纳等。祭文读毕后祭谱就算结束。接着开始领谱。雅治街新谱只印二十一部,二十房各藏一部,祠堂藏一部。各房派所藏新谱,要由各房派理事集体领取,领谱时要一人手提灯笼开路,一人手捧宗谱走在前头,其余人员集队跟在后头,一直到藏家才能解散。祠堂所有新谱领完,本次修谱工作才算完全结束。祭谱前后几天族中都会请剧团演戏,少则三天三夜,多则五天五夜或七天七夜。演戏时间各家客人都很多,非常热闹,虽然各户开支也会很大,但大家都很乐意。

雅治街新修之族谱

祭谱前腰鼓队表演

祭谱前族人云集祠堂

长辈率众人祭祖

吕、成、顺辈长者在传谱

长辈代表宣读祭文

待领族谱

金华婺剧团演出

八、重撰祠堂楹联

本村祠堂于民国二十年（1931）重建完成后，即由本村先贤及与本村有渊源的许多名人、友人撰稿并书有长短不一的楹联40副。这些内容丰富、字体精湛的作品，本村请了技术一流的工匠，用水泥拌胶水按原字体、原尺寸做在祠堂石柱上，红底金字，金碧辉煌，文化气氛十分浓厚。这些作品在"文化大革命"中被全部铲除。21世纪初，本村祠堂进行大修理，村两委和村老年协会提出趁祠堂修理之际，恢复原石柱楹联，这一想法得到了本村在杭工作人员的支持。本村在杭工作人员同乡会出面组织有较高文化水平的20人，要求每人至少创作一联，经过半年的努力终于完成全部创作任务，共计得36副，其中20副署名，16副不署名。署名者还须

出资 600 元制作费,又经过半年制作,才基本恢复原来面貌。现将全部作品抄录如下:

原头新作不署名长联 2 副

富贵应戒奢逸贫贱切莫自卑业精于勤行成于思一族中兴衰屡见
愚蒙须知奋勉贤智要在乐善淡泊明志读书明理十室内忠信犹存

父是父子是子兄是兄弟是弟一门肃睦方为友孝人家
士恒士农恒农工恒工商恒商举族辛勤同属治生基础

署名新联 20 副

心头有德前程远	眼底无私后路宽	朱建林
读古人书须处地设身一想	论天下事要揆情度理三思	朱献荣
楼高但任云飞过	窗小先将月送来	朱顺霖
博学深思增智慧	更新除旧见精神	朱奕明
创业唯艰守节俭	守成不易戒奢华	朱成标
东横坑西青口二岭之间踞野墅	北朝阳南龙溪十里良田连大山	朱先新
地临双溪物华天宝	功仰祖德乐业安居	朱中孚
静以修身俭以养廉	勤则不匮敏则创业	朱中俶
知足是人生一乐	无为得天地自然	朱心明
国兴邦安龙溪添新彩	源远流长野墅重遗风	朱成材
格物明德正心修心	博学笃行慎思明辨	朱良平
行所当行不为已甚	慎之又慎未敢即安	朱明芳
士要成功须努力	学无止境在虚心	朱大荣
金逢火炼方辨真假	人与财交便知善恶	朱顺才
光明磊落弘扬家教遗风	朗润安和争当人间楷模	朱子华
行有结构言必践	志在亢实宗谋赅	朱 强
洁身自律铭记祖辈教诲	实事严明悉心服务大众	朱 鸣

事因知足心常乐   人道无求品自高   朱永平
好学深知书有味   观心澄觉宝生光   朱英红
龙溪曲水滋华泽   雅治长街育贤人   朱斌锋

不署名新联 16 副

鸟欲高飞先振翅   人求上进早读书
良言一句三冬暖   恶语半分六月寒
欲除烦恼须无我   历尽艰难好做人
水惟善下方成海   山不矜高自极天
计利当计天下利   求名应求万世名
牢骚太盛防肠断   风物长宜放眼量
反观自己难全是   细论人家未尽非
持其志勿暴其气   敏于事而慎于言
孝悌忠信礼义廉耻   仁诚勇恕勤俭谦和
时怀唐宋依稀古貌   源诉平陵恒念信公
酒能成事亦能败事   水可载舟亦能覆舟
可行则行可止则止   在我言我在公言公
居近识远处今知古   研经赏理敷文奏怀
克已最严须从难处去克   为善必果勿以小而不为
孝莫辞劳转眼便为人父母   善勿望报回头但看汝儿孙
继祖宗一脉真传克勤克俭   示儿孙多条正路惟耕惟读

祠堂石柱上楹联

九、文化礼堂

文化礼堂是全景式展示村情、村史、村貌,传承优秀传统文化,弘扬道德文明新风的教育阵地。本村为配合宣传需要,于2014年设立"雅治街文化礼堂"于大会堂内,共展出历史遗物、宗谱、本村人创作作品、旧时各种生产工具、旧时生活类器皿、旧时服饰品、旧时祭祀类执事以及旧时消防器具、兵器等200余件,促使本村村民特别是年轻一代了解本村在不同时期的变化和发展。

现在本村到处洋溢着生机和活力,村民在物质生活得到提高的同时,也享受着丰富的精神生活。近年来村里陆续建起了图书馆、电教室,让村民们有了学习的场所;建造了两个露天球场,设置了一套健身设施,供村民锻炼身体。村里还组织有腰鼓队、秧歌队、文艺宣传队等,积极参加上级组织的各项娱乐活动,呈现出一派邻里和睦、尊老爱幼、村风文明的社会主义新农村的新气象,先后获得浙江省金华市、义乌市"文明单位""文物保护示范村""基层妇女先进组织""五好农村党支部""文化示范村""乡风文明村"等多项荣誉称号。

文化礼堂展出的部分农具和生活用品

文化礼堂展出的本村籍工艺大师创作的艺术作品

十、宗教

本村村民多信仰佛教,解放前曾有少数人信过基督教,解放后几个基督教徒年老相继去世,基督教在本村绝迹。本村信佛教者以老年妇女为多,平时吃素念佛。真正能皈依佛门,探迹玄门,倡善护生者,本村只有朱献文先生。

本村的寺庙历史悠久,据传明清以前就有朝阳寺,地址在现在的朝阳水库之间,最盛时和尚有几十人。解放初还残存庙宇三间,木鱼山尚有多座和尚坟墓。清乾隆七年(1742)在后溪建文武圣庙,即后阳殿。民国时期曾重修庙宇,重塑神像。后经土地改革、破除封建迷信等政治运动,神像被毁,殿宇被分给了村民居住。至 21 世纪初,部分老年信徒自筹资金十余万元,村委会拨给祠堂山山前土地一亩,建起了龙溪庙一座,有庙宇五间，分别塑立了释迦、观音、弥勒、文昌、关公、胡公及其三夫人，还有朱、王、姚、陈、五谷、本保土地等神像，每月初一、十五及观音生日开庙门迎香客。

另外，本村祠堂前至今仍保留土地庙一座，该庙何时所建，无考。该庙庙宇狭小，原来香火就不旺。解放后土地像被毁，庙宇很长时间被村民占住。早几年占住村民搬走，又重塑了土地像，香火又开始旺了起来。

经堂

龙溪庙

第十三篇　环境卫生与医疗保健

一、环境卫生

以前,本村环境卫生极差,究其原因,首先,农民种田无化肥可用,靠的是人肥、栏肥、草木灰、焦泥灰等肥料。为了有足够肥料肥田,农民就要进行积肥,就要养猪、养牛,把猪栏、牛栏、屙缸(厕所)建在室内,造成室内空气污染,特别到了夏天,臭气冲天,蚊、蝇满室飞舞,严重影响室内卫生。其次,每家每户都散养鸡鸭,鸡粪鸭粪满地都是,再加上鸡抓的泥土和垃圾形成到处龌龊景象。再次,本村农民长期以来喝的是井水,洗的是池塘水、井水容易滋生寄生虫,池塘水因长期不清淤,池水混浊,且不管吃的、穿的、用的,甚至粪桶都在同一池中洗涤,极不卫生。

后来随着农村经济的发展,农业科技的进步,农用化肥代替了人肥、栏肥、草木灰、焦泥灰等人工肥料,拖拉机代替了耕牛,在这种情况下,农民觉得养猪养牛已无意义,因而逐步放弃养猪养牛,甚至连养鸡也逐步放弃。这就自然不再有猪栏牛栏的存在,满地的鸡粪也没有了,原来臭气冲天的屙缸也纷纷改成了抽水马桶。以上这些变化,从根本上改变了农村环境卫生的面貌。除此以外,本村又根据实际需求和人力物力情况,采取了一系列措施来进一步改善本村卫生环境。

1986年村委筹集资金埋设自来水管道,利用朝阳水库将含有矿物质的水流接到每户村民家中,使每户村民都能吃上自来水。

2006年,村委组织人力,用高压水枪对村内14口池塘进行彻底清洗,冲去污泥,洗去垃圾,修筑塘堤,并砌修了塘与塘之间的连通水渠,并引进朝阳水库之活水,使得池塘死水变活水,提高了村民用水质量。

2006年村委专门雇用清扫工4人,负责全村所有街、巷、弄的清扫工作,把每天收集起来的垃圾及时运到赤岸纸厂焚烧发电。

采取以上措施以后，本村卫生环境得到了进一步改善。

二、中医师与中药铺

清至解放前本村有中医师5人，他们是：

朱兆壅，字需玉，号崑山，街心二房人，清嘉庆时行医。

朱开授，字予友，号均斋，街心恭房人，清乾隆末年至嘉庆时行医。

朱元美，字必新，号辉亭，前大分人，清道光时行医。

朱增沛，字恩泽，街心恭房人，兼药铺店主，清同治时行医。

朱增炳，字文成，高楼人，民国三十年（1941）前后行医。

解放前本村开过三家中药铺：

新南山中药铺，清同治时为本村街心恭房人朱增沛所开设，其总店设在佛堂。

岑山中药铺，于抗日战争爆发前为本村街心平房人朱昌崔所开设，至本村沦陷后歇业。

福禄中药铺，于民国三十年（1941）至解放前夕为施傅宅人施福禄开设。

三、医疗保健

解放以前，雅治街的医疗条件也和各地农村一样十分落后，大部分农民看不起病，买不起药。生病时只得到野外拔一些草药或请人用"挑痧""扭痧"等土法治病。当病情无好转时用烧稻草"火把"送瘟神等迷信办法治病，因此，往往耽误时间加重病情，甚至送命。

解放后，为改善农村医疗条件，人民政府大力推进农村医疗保健制度。本村医疗保健工作始于1965年，由部队退伍卫生员朱智海当任本村医疗保健员。1969年，义乌第二人民医院派张冬芳来本村主持村医疗保健室工作。1973年7月，上山下乡知青丁巴金医生到本村保健室工作，朱智海回家从事屠宰和卖肉业务。从此，本村医疗保健工作由丁巴金、张冬芳两位医生负责。1978年，因知青丁巴金回城，本村选派张洪庆去学医，于1979年2月到村保健室当赤脚医生，跟张冬芳医生边学边做。1980年

12月,因原单位工作需要,张冬芳调回义乌第二人民医院。本村选派朱秋花到保健室学医。自此本村医疗保健工作就由张洪庆、朱秋花两人负责,上级再无派过医生来本村。村保健室自 1966 年起都设在增塾屋内。1982 年后,农业推行家庭联产承包责任制,农村医疗形式也随之改变。1984 年本村医疗保健工作承包给张洪庆个人经营,村保健室也移至张洪庆家中,实行"谁看病谁出钱"。1985 年 1 月,合作医疗站改称卫生医疗站,赤脚医生改称"乡村医生"。2009 年 9 月进行卫生制度改革,由义乌赤岸中心卫生院直接在本村建立"雅治街社区卫生服务站",医务人员由赤岸中心卫生院选派和管理。由此,本村的医疗服务工作更加完善和提高。

四、农村医疗保险

义乌城乡医疗保险分大额医疗保险和小额医疗保险两种。大额医疗保险缴费较高,报销比例相应较高;小额医疗保险缴费较低,相应报销比例较低。现将"2009—2016 年义乌市城乡居民参加基本医疗保险年度缴费表""义乌市城乡居民基本医疗保险待遇享受标准"和"义乌市基本医疗保险特殊门诊年度费用限额表"三表列后:

2009—2016 年义乌市城乡居民参加基本医疗保险年度缴费表

年份	大额/元	小额/元	年份	大额/元	小额/元
2009	310	40	2013	800	160
2010	370	80	2014	800	160
2011	500	100	2015	800	200
2012	600	100	2016	800	200

义乌市城乡居民基本医疗保险待遇享受标准

险种	城乡居民基本医疗保险									城乡居民大病医疗保险			
	住院医疗费用报销			特殊门诊报销			普通门诊统筹报销			住院及特殊病种门诊报销			住院分娩补助
	报销基数	报销比例		报销基数	报销比例		报销基数	报销比例		报销基数	报销比例		
		本地中心卫生院	其他医院		特殊病种	慢性病种		本地中心卫生院	其他医院		普通合规	特殊合规用费（自费药品等）	
小额保险	医疗总费用扣除自付部分	72%	62%		62%	52%	年度内累计发生符合医保支付范围100—1100（小额为900元）之间的医疗费用	52%	18%	合规用费扣除大病起付标准（2014年起付标准30000元）	65%	50%	符合计划生育政策的住院分娩费用按500元标准定额补助
大额保险	医疗总费用扣除自付部分	85%	75%		75%	60%		52%	18%		70%	50%	

城乡居民基本医疗保险：医疗年度报销限额小额保险为9万元，大额保险为18万元

城乡居民大病医疗保险：医疗年度报销限额小额保险为32万元，大额保险补助10万元；大病保险为18万元，重特大疾病补助10万元

义乌市基本医疗保险特殊门诊年度费用限额表

序号	病种类别	病种名称	可报销基数限额		
			城乡居民基本医疗保险（小额）	城乡居民基本医疗保险（大额）	职工基本医疗保险
1	特殊病种	恶性肿瘤放疗、化疗	12000	14000	15000
2	特殊病种	慢性肾功能衰竭的透析	70000	72000	75000
3	特殊病种	器官移植的抗排斥治疗	60000	62000	65000
4	特殊病种	系统性红斑狼疮的治疗	7000	8000	9000
5	特殊病种	血友病	10000	11000	12000
6	特殊病种	再生障碍性贫血	8000	9000	10000
7	特殊病种	重性精神病	4000	5000	6000
8	慢性病种	肝硬化失代偿期	3000	3800	6000
9	慢性病种	高血压Ⅱ期伴并发症	3000	3800	12000
10	慢性病种	冠状动脉粥样硬化性心脏病	3000	3800	10000
11	慢性病种	类风湿性关节炎	3000	3800	9000
12	慢性病种	慢性肺源性心脏病	3000	3800	10000
13	慢性病种	慢性活动性乙型肝炎	3000	3800	12000
14	慢性病种	脑血管意外	3000	3800	10000
15	慢性病种	糖尿病伴并发症	3000	3800	10000
16	慢性病种	帕金森病	3000	3800	4800
17	慢性病种	重症肌无力	3000	3800	4800
18	慢性病种	慢性阻塞性肺疾病（Ⅲ级以上）	3000	3800	4800
19	慢性病种	慢性丙型病毒性肝炎	10000	12000	15000
20	慢性病种	耐多药肺结核	8000	9000	10000
21	慢性病种	慢性肾衰竭（肾衰竭期）	3000	3800	4800
22	慢性病种	干燥综合征（有肺、肾、血液系统病变）	3000	3800	4800

第十四篇　名胜古迹

一、古月桥

古月桥位于本村西侧 100 余米之龙溪由南向北的转弯处。该桥建于南宋嘉定六年(1213),距今已有 800 多年历史。桥长 31.2 米,拱长 15 米,桥面宽 4.6 米,两侧引桥各长 8.2 米,坡度约为 30 度,矢高 4.15 米。桥身分三层叠砌而成:底层用条石直砌,共五折,呈五边形。每节用六块长 2.8 米,厚 0.55 米,宽 0.3 米的条石直砌,条石之间距离 0.52 米,搭接处用长 4.8 米,高 0.58 米,宽 0.3 米的横锁石承接,全拱共用 34 根石梁,四组横锁石;中间层为条石横砌,规格不一;桥面用砂泥和方石铺成,两侧设有宽 0.5 米,高 0.4 米的横压石,无柱无板,无雕饰,桥侧面中部有一块横石匾,上有阴刻楷书"皇宋嘉定癸季秋闰月建造"字样。

古月桥采用单拱纵联分节并列砌置法,骨架采用 3 米左右方条石用榫结构,具有圆形弧拱桥类似的力学原理又有变化多姿的美感特性。这种巧妙的构思设计特性是本地区建桥史上的典型,它充分体现了我们祖先造桥工匠的聪明才智和高超的造桥技艺。

古月桥是 2001 年 6 月 25 日国务院公布的第五批全国重点文物保护单位。

据考证古月桥建桥时,本村离始祖公信公迁居建村已近 200 年,已历 8 世。8 世中共出生男丁 29 人,外迁 8 人,死亡 11 人,在世男丁只有 10 人,加上妇女、儿童,当时全村人口不过 20 余人。按当时本村的人力物力,似乎难以造成此桥,于是就有了徐侨造古月桥的传说。传说南宋时期义乌有位名儒,名叫徐侨,民间称之为徐文清公,淳熙十四年(1187)中进士,历任主簿、国史院编修、工部侍郎等职,他为人忠诚刚直,处事果断,为官清廉,因力主抗金,直言谏禀,屡弹奸佞而遭权贵排挤,被罢免后安居野墅徐湖塘。在归隐期间,仍在赤岸烦东岩建了书舍,不辞辛苦地著书立说,讲学授徒。有一天徐侨外出体察民情,路过龙溪,见此溪波光粼粼,清澈见底,一群儿童正在戏水。徐侨见状兴之所至,也下水沐浴。转眼间乌云翻滚,电闪雷鸣,儿童受惊,纷纷上岸向家里逃去,徐侨也急忙奔向村里避雨。入了民居,手往身上一摸,心里一惊"哎呀,官印不见了",当即往回寻找,只见一个儿童躲在独木桥下,徐桥忙上前探问,未待开口,儿童即先开口问道:"叔叔,你找什么呀?"徐侨答道:"我在找一颗印子,刚在此洗澡时失落。"这位儿童随即拿出拾到的官印奉还于徐侨。正在交印之时,儿童的父亲赶来寻找儿子,一见到徐侨,就对儿子说"这位是力主抗金,为官刚直清廉的徐大人",拉过儿子向徐侨叩头。徐侨询问了儿童的名字叫"古月",感激不已。离开龙溪后,徐侨常想念这位淳朴忠实的儿童,遂决定拆除原有的小木桥,在原址上重建一座坚固美观的单孔石桥,并以儿童的名字"古月"为桥名,以资纪念。

据《义乌县志》记载,徐侨(1160—1237),字崇甫,南宋著名政治家,义乌靖安里龙陂(今王宅乡)人,淳熙十四年(1187)进士,曾任绍兴南康司法,嘉定七年(1214)历任刑工部架阁文字,秘书省正字,兼益王府、吴王府教授,后自请外知知州,嘉定十年(1217)政知安庆府。绍定六年(1233)史弥远死,朝廷两次委徐侨以重任,侨固辞。78岁卒,赐谥"文清",葬五云山南麓。徐侨学行纯笃,中年罢官归里,先居五云山,后徙丹溪,家居十七年……

根据以上记载,古月桥为徐侨所建的传说也难以确定,因为徐侨自27岁中进士起就一直在南宋京城(杭州),造古月桥时徐侨还在绍兴南康司法任上,第二年又转任刑工部架阁文字,秘书省正字,还兼任吴王、益王府教授等职。造古月桥前后时期,徐侨人根本不在义乌,由此可见,古月桥是徐侨辞官归隐野墅徐湖塘时所建的说法证据不足。古月桥究竟为谁所建,应由国家文物部门考证确定。

2016年拍摄的热播电视剧《鸡毛飞上天》,以此桥作为重要场景,该桥再次名声远扬。

古月桥

义乌县发现一座宋代石拱桥

本报讯　最近浙江义乌县在文物普查中发现了一座宋代石拱桥——古月桥。

古月桥位于义乌县东朱乡雅治街村西侧，横跨龙溪之上，是古代义乌南通东阳县的必经之处。古月桥系单拱纵联分节并列砌置法建造的五边形石拱桥，全长31.20米，拱长15米，矢高4.15米，引桥长8.10米，坡度为30。全桥采用三十四排石垒承接架设而成，桥面用泥沙和方石平铺。桥的两旁置压栏石，石上有纪年刻文"皇宋嘉定癸酉季秋闰月建造"（即宋嘉定六年，公元1213年），距今已有774年之久。

据省、市有关专家鉴定，在同时期桥梁中，像古月桥这样的营造方式尚属少见，也是我国目前为数不多的保存如此完整的宋代石拱桥之一。它的发现为研究我国桥梁发展史提供了宝贵的实物资料。

（许文巨　王建明）

1987年《中华文物报》上对古月桥的文字报道

二、古建筑

（一）朱氏宗祠

雅治街朱氏宗祠始建于清乾隆十四年（1749），嘉庆戊辰年（1808）曾进行重修，光绪三年（1877）因遭后溪大水冲毁前厅再一次重修，到民国二十年（1931）已历182年，原祠堂已破损严重，再修已无意义。经祠理研究，决定在原址重建朱氏宗祠，分两期进行。第一期先建前、中厅，第二期再建后堂。于民国二十年（1931）动工至民国二十五年（1936）完工，历时五年，建筑费用共计白洋4000余元。该祠坐北朝南，占地面积850余平方米，砖木结构，五开间三进四厢房三天井（一大二小）一走廊布局，阴阳合瓦，铺望砖、水泥地，天井鹅蛋石面。花岗岩石柱，天井四周石柱施牛腿出挑。该祠建筑宏伟，用料讲究，雕工精细，为义乌本地少有，也是义乌市唯一一座中西合璧（内中外西）的建筑，现为义乌市级文物保护单位。

朱氏宗祠大门外立面

朱氏宗祠中厅与大天井

朱氏宗祠后厅

（二）光裕堂

光裕堂又名旧厅，为街心二房二十三世祖永达公之祖寝。该建筑约建于清初期，为雅治街现存最早建筑之一。原建筑为三开间四进四天井二弄二厢房布局，坐北朝南。前一、二厅为敞开式，后三、四厅为中间敞开，左右间用木板隔成房间，东西厢房各有18间楼房。清咸丰年间，太平军占领本村时被毁去前厅及东面二厅以前的厢房。原建筑前有照墙，墙内东西有厢房，墙外有旗杆石基，现均圮。

光裕堂正厅

（三）种德堂

种德堂又名楼下厅，为街心大分二十一世祖世学公之祖寝，建于何时无考。该建筑为前后三开间两进两天井，左右厢房布局，砖木结构，坐北朝南，占地面积500多平方米。前面照墙设门斗，辟正门，前厅为敞开式，明间五架抬樑前后单步，四柱七檩，次间穿斗式，用五柱，前檐柱施牛腿，出挑檐檩。后堂中间敞开,两边隔成房间,穿斗结构,用五柱七檩,前设走廊,左右厢房各八间,前檐廊前后贯通,前端设门。

种德堂门面

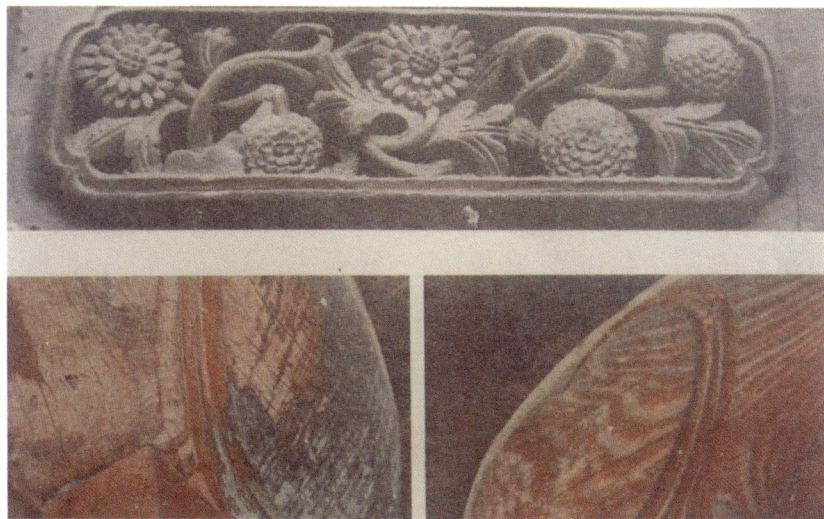

种德堂内装饰

（四）存仁堂

存仁堂又名前大分,是前大分二十一世祖世德公之祖寝。该建筑约建于清初,为雅治街早期建筑之一。该建筑坐北朝南,三进三开间两厢房,占地面积857.4平方米。屋顶均为硬山式,阴阳合瓦,铺望砖,后厅比前厅、中厅建造晚些。现前厅仅剩西侧一间,其余已坍塌,东侧厢房坍塌严重。中厅为三开间,明间五架抬樑前后单步用四柱七檩,次间为穿斗式,用五柱七檩,后期改变较大。

存仁堂后厅与天井

存仁堂厢房楼屋

存仁堂厢房通道

（五）植桂堂

植桂堂

植桂堂原名勉成楼，是街心二房二十二世祖承祉公所建。该堂建于清乾隆八年（1744），距今已历 271 年，是本村较早建筑之一。该建筑坐北朝南，是一座"凹"字形院落，堂楼三开间，分两层，穿斗式，前单步中柱落地用五柱七檩。明、次间用砖墙隔断，前檐设重檐。东西厢房四开间，穿斗式，用五柱六檩，缝间隔墙下为木板，上为夹竹条泥墙，二楼隔墙一样。牛腿，雀替雕刻花草图案。该建筑前面无照墙，是一座开放式院落。

（六）庆房太公屋

庆房太公屋为庆房二十四世祖士杏公之祖寝，约建于清乾嘉年间。该建筑坐北朝南，占地面积 102.42 平方米。硬山顶，阴阳合瓦，八字形门，格栅窗。大厅面宽三间，明间为穿抬混合式，用四柱七檩通柱，下置基柱覆盆，次间为穿斗式，用五柱七檩，檐檩与柱头交接处施插翅，雕卷草文，富含寓意。左右间长期为后代子孙用作厨房、开小店等。

庆房太公屋

（七）忍和堂

忍和堂为街心二房二十五世祖兆殿公之祖寝,据传该屋建于清咸丰年间。坐北朝南,三进三开间二天井左右厢房组成。前厅三间敞开厅,明间五架抬楼前后单步,用四柱七檩,前檐柱施牛腿出挑檐檩,后厅左右间施门隔成房间,中间敞开,左右厢房对称各有楼房11间。前檐设廊,前端辟边门,上施门头,前天井前面施照墙,辟石库门,上面叠涩出檐。

忍和堂外立面

忍和堂木雕牛腿及毛泽东像

（八）芝玉堂

芝玉堂又名上新屋,是街心二房二十四世祖士南公之祖寝,原屋约建于清乾隆年间,据传在清咸丰太平军占领时被毁,现房屋重建于清同治、光绪年间。为三开间二进二天井双边各有三排连体厢房布局,砖木结构,坐北朝南,总占地面积约 2400 平方米,共有房屋 130 余间,为本村最大连体建筑。

芝玉堂前厅

芝玉堂木雕牛腿

(九)敦和堂

敦和堂又名朝北厅,因原来有三进朝北的厅堂,故名。原建筑于清咸丰年间太平军进驻本村时被毁。现在坐北朝南的三开间厅堂是清光绪时重建。该建筑占地面积 435.2 平方米,硬山顶,阴阳合瓦,铺望砖,正脊中央设钱文图案,大厅明间五架抬梁前双步后单步梁,前檐柱施牛腿出挑前檐,用四柱七檩;次间穿斗式,中柱落地。大厅各檐柱间用木栅栏隔开,中间无门,是一座开放式厅堂。

敦和堂厅堂

敦和堂木雕装饰

（十）当店十八间

清代建筑，系后大分二十五世祖荣山公所购进，原屋建造者已无考。该建筑坐北朝南，由前后二进左右厢房组成，系砖木结构二层四合院，占地面积498.5平方米。前厅面阔三间，明间敞开，穿抬结合式，用四柱四檩，其中前坡一步架，后坡两步架，次间为穿斗式。正厅三间楼下厅，厢房各五间一楼梯弄。两侧边门门头饰鳌吞脊，脊中坐葫芦宝瓶，门头饰彩绘墨线。该建筑曾开过当店，故俗称当店屋，该屋现为义乌市级文物保护单位。

当店屋木雕装饰

当店屋石库门

（十一）东山公祠

东山公祠为街心平房元魏公所建。元魏公号东山,故以此为祠名。该祠于光绪十六年(1890)十月动工至光绪二十五年(1899)四月才完工,历时九年。该建筑坐北朝南,为前后二进五开间左右穿廊组成的院落,砖木结构,占地面积400平方米左右。硬山顶,清水脊,设五花山墙,三合土墁地。门厅明间辟随墙式石库门,门额石匾阳刻"东山公祠"四字。明间为抬樑结构,前后双步月樑,次梢间为二层楼屋,用穿斗式。大厅为敞开厅,明、次间为五架抬樑前后双步,用四柱九檩,左右两侧为穿廊,二层楼,底层贯通,用三柱三檩。

东山公祠布局规正,建筑高大,工艺考究,在本村所有古建筑中艺术价值最高,保存最完好,现为义乌市级文物保护单位。

东山公祠外立面

东山公祠木雕结构

（十二）贵玉公祠

贵玉公祠为街心庆房二十八世祖增剑公所建,公名增剑,号贵玉,祠以号名,该祠约建于清光绪年间,坐北朝南,硬山顶,阴阳合瓦,铺望砖,三花马头墙,由大厅和左右厢房组成,呈"凹"字形布局,占地面积341.71平方米。大厅面宽五间,明次敞开。明间为五架抬檩前双步后单步,用四柱八檩。出挑檐檩,柱下置椭圆形柱基覆盆。次间边贴穿斗式,用五柱八檩,穿枋做实及顶;明次间后檐柱上三分之一处穿枋及檐檩;梢间穿斗式,用五柱七檩,左右厢房各一间,为穿斗式二柱六檩。照壁做工考究,脊中央施钱纹图案,中间辟石库门,门额书有"贵玉公祠"四字,门前施三级台阶。该屋现为义乌市级文物保护单位。

贵玉公祠外立面

贵玉公祠室内结构及木雕装饰

（十三）耕余堂

耕余堂建在和塘西岸，面朝和塘，约建于清晚期，占地面积 234.36 平方米，呈"凹"字形布局，正厅三间，明间五架抬樑前后日梁，前檐施牛腿出挑，前设堂弄，左右设厢房。二楼穿斗式，前檐设槛窗。

耕余堂外立面

耕余堂内部木雕装饰

(十四)朱献文故居

该建筑建于清宣统末年,坐北朝南,硬山顶,阴阳合瓦,铺望砖,五花马头墙,前后二进五开间左右厢房组成四合院,占地面积 233.26 平方米。前进五开间二层楼,明间底层敞开,穿抬混合式,用二柱六檩,通柱,前坡一檩,后坡四檩,前檐辟随墙式石库门,门额刻有"入孝出忠"字样,用五柱七檩,通柱;门窗用白枋;左右厢房对称各一间,穿斗式,前进二楼朝南窗采用拱券窗。

民国三十二年(1943),驻环院日军头子一天从破塘沿过,见朱献文故居后进横梁中间人物图案雕刻十分精美,即强行锯走,致使横梁两头垂下,影响整体结构。日军投降后,朱献文近亲代为换上一根普通杉木,以支撑后进楼层压力。土地改革时该建筑被分隔数间,分给数户居民居住。各户都起了土灶,烟熏火烤,到处堆放杂物,影响了整体美观。为抢救本村古建筑,2014 年,义乌市政府拨专款,对朱献文故居进行整体修缮。该建筑现为义乌市级文物保护单位。

朱献文故居外立面

朱献文故居门额阴刻

朱献文故居木雕装饰

（十五）翰林第

该建筑建于清宣统二年（1910），坐西朝东，面阔四间，其中第二、三、四间用四根石柱支撑架空于长塘之上。北山墙侧辟石库大门，第二、三、四间为主体建筑，第三间为主体抬梁式，前后单步，用四柱五檩；第二、第四间为穿斗式，用五柱五檩中柱落地，第二、三、四间吊有天花板，大门门额刻有"翰林第朱献文立宣统庚戌年春月"字样。

翰林第也是朱献文故居，因朱献文后代均在外就职，无人管理，长期被村民用作棋牌室、猪肉铺、豆腐铺等商业用屋，致使房屋严重污损。为保护古建筑，2014年义乌市政府拨专款将其与破塘沿朱献文故居一起进行抢修。该建筑现为义乌市级文物保护单位。

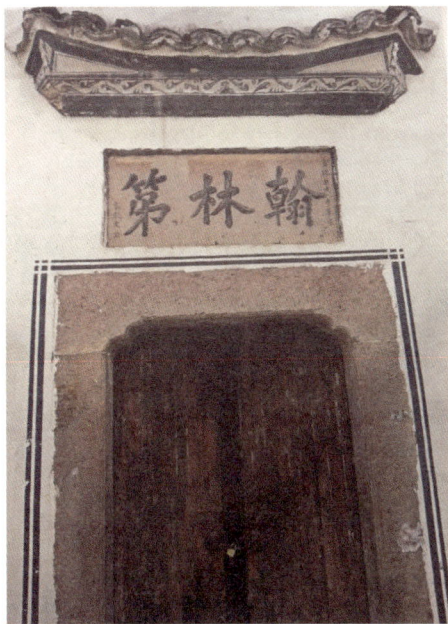

翰林第东大门

翰林第外立面

（十六）昌柏屋

该屋为街心恭房二十九世孙昌柏本人所建,约建于民国初年。坐北朝南,占地面积358平方米,呈两个结构相同的四合院布局。每个四合院均为二层楼房,硬山顶,照墙辟随墙式石库门,面阔三间,明间敞开,前檐施牛腿出挑,东西侧有厢房,天井以青石板错缝铺砌。

昌柏屋石库门

昌柏屋室内木雕装饰

（十七）增塾屋

增塾屋由街心杏房增塾本人建于民国初年，坐北朝南，占地面积 260余平方米，正厅三间，两厢房二弄，呈三合式院落布局的砖木结构，二层楼，硬山顶，山面设马头墙，前檐施牛腿出挑，二楼设直灵栏杆。门额上书有"其旋元吉"四字，做工考究，建设木雕十分精美，具有一定的文物价值。此屋曾为村两委办公场所，现为义乌市级文物保护单位。

增塾屋大门门额

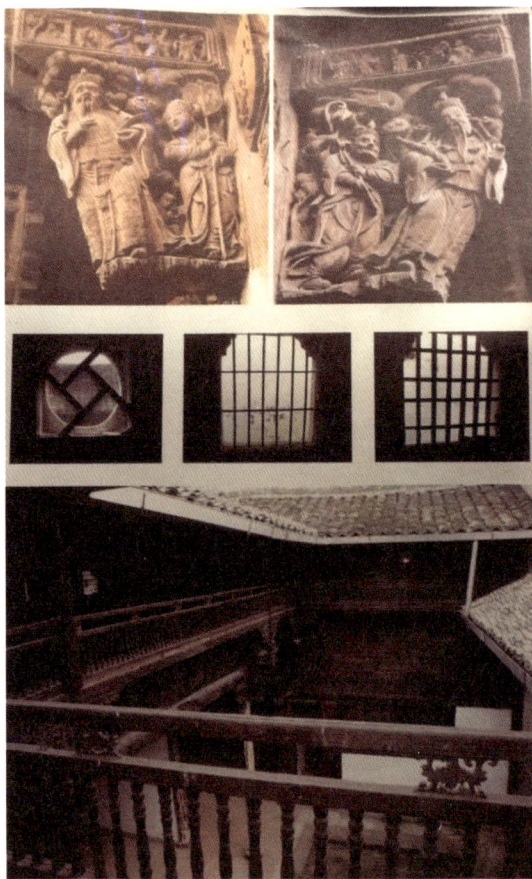

增塾屋木雕及结构

（十八）昌文屋

该屋在 20 世纪 30 年代由街心恭房昌文所购,原屋由谁所建,建于何时已无考。该屋坐北朝南,硬山顶,阴阳合瓦,铺望砖,三花马头墙,为前后二进左右厢房组成的二层楼式的四合院,占地面积 153.45 平方米。第一进为门楼,三开间,底层敞开,用二柱二檩,单坡屋面向内。第二进为正屋,面阔三间,明间底层敞开,次间隔断,穿斗式,用五柱七檩,左右厢房各一间,穿斗式,用二柱三檩。天井四周檐柱施牛腿出挑檐檩。该屋在土改时隔一半分给了一户农民居住,使整体保护受到一定影响。

昌文屋整体布局

屋旁古井

昌文屋建筑木雕

（十九）承庆堂

承庆堂又称友常小宗祠。为街心二房庆房派二十五世祖兆殿公之祖寝，约建于清晚期。该建筑坐北朝南，硬山顶，阴阳合瓦，铺望砖，明间五架抬梁式，前后单步，前檐柱施牛腿出挑檐檩，用四柱七檩，下置圆形柱基覆盆。次间为穿斗式，用五柱七檩通柱，置于方柱基础之上，抬梁、小月梁为扁方形，雕刻工艺精湛。

承庆堂外立面

承庆堂建筑木雕牛腿

(二十)昌璧居

　　该建筑为本村后大分人朱昌璧于 1938 年所建,坐北朝南,占地面积 300 余平方米,正厅五间,左右两厢房两弄,整体建筑为砖木结构二层楼,没有设马头墙,四面平行,呈稻勺覆之状,以避风雨雷霆,是全村唯一一栋以此造型的民居,实不多见。东南西各有一个正门,前檐柱施牛腿出挑,做工考究,反映了当时安宁的生活。

昌璧居

三、古树名木

本村在祠堂山、照山、白象头、黄泥山、西山畈、青头一带的古樟、古柏、古松、古橡子树等，经日军三年砍伐，只留下西山畈、青头等地少数大树和村西边的两棵樟树。至1958年全国开展全民大炼钢铁运动时，又一次砍伐，最后只留村西边的两棵樟树。

村西边大樟树

　　村西边的两棵樟树,已有 350 多年树龄,是本村标志性物种,旧时村民视其为村子的保护神,它的树冠下是村民田间劳动后乘凉休息、吃中饭的好地方。早时哪家村民生了儿子,如果母子属性相克,就会备上香烛,带上祭品,抱着儿子到大樟树下认"樟树娘",意为认了樟树娘,原来的母子关系已经改变,儿子就会平安长大。

第十五篇　灾　害

历史上本村遭受的灾害,一是自然灾害,二是火灾,三是兵害,现将三项记述如下。

一、自然灾害

本村所发生的自然灾害,清以前已无考。清以后发生的自然灾害,本村也无文字记载,只能根据《义乌县志》记载摘录与本村有关的部分:

民国三年(1914),义乌全县大旱,本村因属丘陵地带灾情更重。

民国十一年(1922),义乌全县大雨连绵50余日,全县发生百年不遇水灾,本村龙溪、南山溪两岸溪堤和农田冲毁严重。

民国二十三年(1934),义乌全县大旱,佛堂地区粮食减产十分之六,本村几乎颗粒无收。

民国三十三年(1944),义乌全县大旱,本村灾情严重。

1953年本村受到一次飓风袭击,死亡1人(朱智良),伤十几人,受损房屋几百间,吹倒树木无数,农作物颗粒无收,村民生活受到严重影响,有的靠借贷、变卖家具换取粮食度荒。

1955年6月,暴雨致义乌全县洪涝,村中低畦处水稻被淹。

1961年6月至9月,义乌全县夏连秋旱,本村同灾。

1962年9月5日、6日,强台风过境,义乌全县二十四小时特大暴雨,全县受灾。

1964年6月30日至10月6日,夏连秋旱。

1968年10月5日至7日,异常高温,全县五代褐稻虱高发,虫灾严重。

1971年6月27日,大风冰雹,风力10级,6月至8月25日,又夏旱,本村粮食减产。

1974 年 9 月 18 日至 22 日,强冷空气来袭,连续低温阴雨,晚稻歉收。

1975 年 8 月 12 日下午至次日凌晨,强台风过境,风力 8 级以上,农作物受损。

1977 年元旦至 2 月 11 日,积雪不化,严寒,最低气温零下 10.7 度,农作物受害。

1979 年 3 月 30 日凌晨,雷雨大风,农作物受灾。

1981 年 8 月 25 日夜,暴风雨,溪水大涨,淹涝农作物。

1982 年 4 月 10 日,浓霜,早稻秧苗受灾。

1983 年 12 月 29 日,大雪,积雪 16.9 毫米,交通受阻,果木压断。

1984 年 6 月 28 日、29 日,特大暴风雨,山洪暴发,农作物受淹。

1985 年 7 月 31 日,强台风过境,日降水量达 107 毫米,农作物受灾。

二、火灾

有关本村火灾的文字记录几乎全无,仅凭老人回忆。民国三十二年(1943),前大分曾发生一次火灾,烧毁民房数间,烧伤二人。

1988 年中街火灾,烧毁正海、玉成、顺桂、顺兴、顺禄、成福、顺盛等 7 户共计房间 20 余间,包括堂屋 3 间。

1996 年当店西面昌巴等家房屋发生火灾,共烧毁昌巴家房屋 2 间,昌权家房屋 1 间,昌安家房屋 1 间。

三、兵害

兵祸在本村历史上曾发生两次。第一次于清咸丰十一年(1861),太平天国侍王李世贤攻克金华,五月三十日太平军至义乌,因清军攻打兰溪,太平军乃于六月初一退回金华,驰援兰溪。从此太平军来去不定,七月,太平军再次回驻义乌。

清同治元年(1862),太平军李仁寿部驻永康三十里坑,每常过山来义乌县廿八都处串扰,廿八都豪绅朱凤毛、朱苣田集民团抵御,太平军陈荣遣子率军攻打尚阳民团,战败。七月,太平军数千人进驻本村,屡遭民团袭击,在战斗过程中,我村旧厅、朝北厅等厅堂及多处民房被烧被毁。朱元泽之妻郭氏、朱开祭之妻蒋氏、朱增睦之妻郭氏等三人被杀,财物遭受严重损失。同年十一月,巡抚左宗棠久围龙游,太平天国梯王练业坤、戴王黄呈忠、首王范汝增等率军数十万增援龙游,路经义乌,虑西乡民团袭其后,派兵驻田心、倍磊。本村民团会同邻村民团赴田心袭击太平军,在战斗中,本村下庄人朱汉功、朱增田,街心西边人朱开江,街心安房人朱元勋四人战死。太平军与清兵在义乌及其附近拉锯战近两年,村民苦不堪言。

民国三十一年(1942)5月,日军以占领衢州机场和打通浙赣铁路线为目的,以五个师团和一个混合旅兵力,一路从杭州余杭、临安沿富春江向金华方向进犯,另一路从萧山、绍兴、新昌、嵊县、东阳、义乌沿浙赣线向金华、衢州方向进犯,途经本村的正是这路日军。日军于5月23日(农历四月初九)上午10时左右进村,人数在万人以上,时值中午,就在村中休息用餐,趁机大肆烧、杀、抢、抓,仅仅几个小时,村庄一片狼藉,惨不忍睹。

(1)大肆抓捕挑夫。经过本村的道路本来就不宽,为阻日军,村民事先就奉命进行了破坏,因此给日军大部队行进造成不少困难。日军携带的大量军用物资,只能靠人力挑、骡马驮,需要大量挑夫,因此日军一进村庄第一件事就是抓挑夫。虽然大部分村民已逃进朝阳庵山中,但还是被日军抓去数十人。这批村民在行军途中稍一缓慢,即被暴打,甚至被枪杀。大部分人到金华、衢州才得以放回,也有少数人半路逃回。这些人大多因长时间挑着重担,饮食无着,身体受到严重摧残,回来后即患重病,甚至死亡,下庄朱增培就是如此。

(2)随意枪杀村民。村民朱红弟因日军抓他做挑夫,逃跑时立即被枪杀,金福被枪打伤。

(3)大肆抢掠财物。当时正值春粮收割结束,每家都有大麦、谷物、红糖等,日军强抢村民的红糖拌大麦或稻谷用以喂马,至于家畜家禽被抢或当时被宰杀的不计其数。

(4)焚烧民房。日军烧杀成性,所过之地无一幸免,日军大军过后,必有一支专烧民房的小队跟随其后,本村也难逃其害,村中长塘沿下新屋被烧15户,房屋35间,下庄被烧12户,房屋36间,27户村民一百余口无家可归。时至70多年后的今天,村中还保有当时被烧的痕迹。

日军为巩固其所占领的衢州机场和保证浙赣线的畅通，以利其南进军需物资的运送，在浙赣线沿线都驻扎军队。本村地处浙东西交通线上，故也有日军驻守，指挥部就设在环院，同时在青口岭老鼠山、村后照山、朝阳庵屏风山设了三座炮台，居高临下，日夜监视村民和过往行人的活动。日军自 1942 年 5 月 22 日开始在本村驻军至 1945 年投

被日军烧毁的下庄

降前夕撤出，整整三年时间，犯下的罪行罄竹难书。

（1）抓夫造炮台。日军在本村周边造了三座炮台，全部建在山顶，所用材料都是粗大木材和大块石料，这些材料都需从山脚或其他地方运来，所需工时巨大，日军就到处抓夫，就连老人和小孩也不放过。

（2）摊派粮食。驻扎在本村山上和环院的日军，其日常伙食由维持会分摊给本村和附近各村，必须按时送到，若有迟缓，立刻就会遭到日军抓捕甚至枪杀。

（3）胡乱打炮，震慑附近村民和干扰村民的生产生活。日军三座炮台造好后，经常以试炮为名，不分时间胡乱向南山、牛路畈、西山一带打炮，使得附近村民不敢上山砍柴和下地干活，甚至故意朝田里劳作的人群附近开炮，严重干扰村民的生产生活。

（4）大肆砍伐树木烧炭供日军取暖。村里当时森林覆盖相当好，祠堂山、照山、白象头等都有大量高大树木生长，日军进驻后，为了冬天取暖，日夜抓夫砍树烧炭，炭窑就设在下窑，烧成的木炭不仅供本村日军取暖，还运送给各地日军使用，至日军退出本村时，村中所有成材树木已基本砍光，不少几百年的古树名木毁于一旦。

(5)细菌战的受害者。日军为了瓦解浙西南军民的抗日斗志,在浙赣沿线实施细菌战。1940年,日军在义乌至金华一带空投下黄色小颗粒物,状如豆子,经医院检验,附有鼠疫杆菌,不久金华一带鼠疫开始流行,至年底,已死亡160余人。1941年10月,义乌鼠疫也开始流行,死者众多。本村因离浙赣线较远,至1942年日军占领本村后才开始遭受残余细菌的影响,虽无死亡,但波及仍十分严重。一是烂脚,全村约有五六十人患上此病,也有全家人都患此病,有村民烂及骨头都露出来,臭气熏天,夏天招来大批蚊蝇叮咬,冬天不能穿袜捂脚,又冷又痛。由于日军封锁,缺医少药,一烂就是好几年,真是吃足了苦头。二是生疥疮,此病几乎全村无一幸免。每个人身上都长满了小脓包,又痛又痒,严重影响人们的生产生活。此病整整折磨了全村人三年,直到日军投降后才逐步消除。

(6)随意杀人。日军驻扎本村三年,村里被杀的就有4人,被伤的5人。其杀人手段十分残忍,如顺海因其兄顺宅当过兵,日军抓捕顺宅未遂,就把顺海抓去,用作训练新兵刺杀的活靶子,在其身上刺了18刀。顺海被杀后,顺宅依然没能逃脱日军的魔掌,仍被抓去杀害。因一家两个儿子被杀,父亲十福身心受到严重打击,本来只知道埋头干活的一个老实人,完全像变了一个人,田间也不去了,整天精神恍惚,情绪低落,不久就病死了。母亲因儿子被杀,丈夫又因此病死,精神上经不起如此沉重的打击,终日悲痛啼哭,不久也去世了。好端端的一个家,就这样被日军毁掉了。再如朱成良,一个普通农民,无缘无故被日军抓去用石块打死。再有朱日新母亲,日军怀疑朱日新支持游击队,便前来抓人,朱日新逃走,日军就把他母亲拖至村边一坟前乱刀刺死。旧厅朱成美妻子,因其隔壁朱樟华是游击队员,日军抓不到朱樟华,就把朱成美妻子投入火堆,准备将她活活烧死。幸亏日军提早撤离了现场,她被群众救了出来才保住了一条命,但烧伤严重,长期未愈。此外,日军还经常把村民当射击活靶子,如金福、鼎和等人都被日军用步枪击成重伤。除迫害本村村民外,日军还经常无故杀害过路行人,西山一带经常发现无名尸体就是例证。

第十六篇 风 俗

雅治街村地处义乌市东南边境，东面紧邻东阳，南面与永康接壤。与永康因隔了一座大山，因此生活上相互影响很少，但与东阳就不同了，由于本村来自东阳的媳妇很多，在乡风习俗上也带来了不少东阳元素。

一、农耕习俗

（一）养田

在秋晚稻收割后，除留种部分麦田外，其余都播上草子（即紫云英）。来春草子长成，割少量供猪、牛饲料，其余全部翻入土下，灌满田水，让其充分腐烂，以补土壤肥力；也有不少的耕田，不种任何作物，长期灌满田水，直到来年春耕时，直接翻土播种，曰"冬水田"。

（二）双犁双耙

本村水田翻种，都实行"双犁双耙"。田灌满水后，第一次犁后耖平，称"头犁头耙"，然后搁置数天，称为"压田"，以便草子及杂草充分腐烂发酵。再耕第二遍，俗称"翻田"，翻后耖平，俗称"掠耖"。经过双犁双耖后，就可以插秧了。

农耕

（三）插秧

插秧是农事中一个重要环节，农家十分重视。第一天插秧叫"开门秧",这一天如请人插秧要吃五餐,除早、中、晚正餐外,上午 10 时左右和下午 3 时左右要加两次点心。如果有几个人一起插秧,后面的人不得超过前人,因此都要插得快的好手在前面插。插秧时插得快、插得直的会受人称道,插得慢的谓之"穿长布衫",会受人嘲笑。最后一天插秧谓"关门秧",插秧结束后要带几把秧苗回家,抛到自家房屋瓦背上,谓之可驱毛辣虫云云。

（四）耘田

耘田又称捬(fǔ 音)田。将一个铁制圆圈(约宽 3 厘米,直径 30 厘米左右)装在一根长竹竿根端(这种竹竿根尖两端粗细差不多),农民拿着这种叫"田耙"的工具,在每排秧距之间来回拉推,使秧根泥土翻起,除去杂草,助秧苗生长。耘田一般要进行三次。第三次又叫"撒灰",其方法是先将田里的水放干,撒上泥灰和石灰,再用田耙在秧距之间来回拉动,使泥石灰和杂草混入泥中,封闭进水口,日晒三天,使泥土有所龟裂,再放水灌溉,这样就可以促使秧苗生长得更好。

（五）管田水

田水管理相约成俗。上丘田有水未种,下丘田插秧缺水时,可从上丘田适当放水,若上丘田已种,就不能放水。灌溉时水流经过的田叫"过水田"。为保证肥料不流失,多开有水口。上田刚施过肥,下田不得过水。一般施栏肥要隔七天才能过水。凡渠道分支缺口或田缺,如需封闭,则要插一根树枝做标记,俗称"封棒"。插了封棒的缺口,其他人不得随便打开。封闭田缺的泥土,可到下丘田挖取。

（六）割稻

俗称"割谷"。割稻是农家最重要的农事活动,农家全年口粮都要靠此时收储。本村割稻时间都从立秋开始。俗话说:"秋前三天无谷割,秋后三天割不脱。"割稻劳动强度很大,而且正是酷暑天气,农民很辛苦。为了增加割稻速度,最好有五个人配合进行,两人割稻,两人打稻,一人挑谷。挑谷人如有空余,立即捆扎稻草,一把一把晒在田间。大多家庭不可能有如此多的劳动力,因此基本上都是几户家庭以调工形式解决。割稻时不仅田间劳动强度大,家庭主妇劳动强度也很大。家庭主妇不仅要保证田间割稻人员五餐饮食(三正餐加两餐点心)、茶水的供应,还要负责晒谷。有时碰到雷阵雨,还要抢收晒在外面的谷子。为此在割稻期间,家庭主妇要时时注意天气变化,思想很紧张,等到割稻结束,各家主妇体重都要减轻许多。

(七)秋收秋种

本村稻谷收起后,农田里的活基本上是先扦插番薯,接着种荞麦。这两种作物是农家的重要食粮。一般农家所收稻谷,大部分需交租,所剩稻谷大多不够全年口粮,主要靠荞麦、番薯等秋粮来贴补,因此每户尽量多种一些。荞麦和番薯生长期较短,番薯霜降后就可以收获,荞麦如无早霜一般要到冬至前后收割。荞麦、番薯收获后,一部分土地播上草子,用作来年肥料,一部分田种长梗大白菜和萝卜,一部分田种大麦和小麦,这就是所谓的"三熟制"。

解放后,随着农业技术新品种的不断推广,农业机械化的发展,化肥、除草剂等的应用,旧的农耕习俗逐步退出历史舞台,20 世纪 60 年代以后开始逐渐消失,农民的劳动强度也大大减轻。

(八)榨糖

俗称绞糖,即制红糖。红糖的原料是糖梗。糖梗是本村唯一的经济作物。糖梗生长期需八九个月,因此每年开春农民就开始育苗,俗称"下糖梗种",清明前后移植,到立夏前后要扶苗一次,其方法是先把所生长的箭芽用稻草捆在一起,施足肥料(菜饼),用泥土固定箭芽,其作用是使糖梗箭芽向上生长。此后只需一般的田间管理就可以了。到立冬后是收糖梗季节,因为各户榨糖时间是用抽签方式确定的,所以农户收糖梗的具体时间是根据轮到榨糖时间来定,一般在轮到前 5—7 天才开始收。榨糖是农户又一重要农事活动,榨糖需二十四小时不间断进行,需要五人配合,一人不断向榨糖车投送糖梗,一人在榨糖车后接被榨过的糖梗,送回前面做第二次轧榨,反复三次,使糖梗水分完全榨干。轧榨的糖水积累到规定数量,平均分到五口锅中熬煎,这就需要一人专司烧火,等糖水熬成黏胶状后再倒入一长方形木闸中由制糖师傅不断来回搅拌到冷却后自然成为粉状红糖。20世纪三四十年代本村种糖梗制红糖极盛,榨糖车就有三处,按每处榨糖车榨糖一个月,就有近200户农民种有糖梗,每户种一亩就有200亩糖梗,再按每亩糖梗榨糖2担计算,全村每年生产红糖400余担。1966年佛堂镇办起了义乌糖厂,大量收购糖梗做原料,机械化生产白砂糖,农民直接将糖梗卖给糖厂,土法制糖逐渐消失。到九十年代农民又觉得种糖梗不如种甘蔗合算,纷纷改种甘蔗,于是雅治街又成为义乌甘蔗种植基地。

（九）养猪

原先本村大部分农户都养猪,因为既可以增加现金收入,又可以增加肥料,所以农家都十分重视。农民去集市买小猪崽,装猪的篓要插香,放利市币。如只买一只猪崽不能与别人合为一担,要用泥土或其他物品做沉头,忌用石头,避石头不化,猪崽养不大。买好猪崽后,要向卖家索要少量稻草,谓之"娘家草",以示小猪能像在"娘家"一样健康成长。到家后,要用吹火筒扛猪,取小猪能像吹气一样长得快之意。小猪养了一两个月后,要阉猪,阉猪有专门的师傅。阉好猪后取出的睾丸或卵巢,要抛到屋瓦上,寓意快快长大。

另外,杀猪不能叫杀猪,要叫出栏。本村农户养猪,一般一年出栏两次,大致半年一次。每次出栏前,要联系肉摊摊主,摊主要实地看过,认可已符合出栏标准,谈好白肉价格,定好出栏日期,再由屠工前来宰杀。杀猪时妇女小孩不宜观看,主妇要在门口学猪叫声,呼叫猪魂,以示猪魂不走,年年有猪可杀。猪杀好后,要用炒红头肉、黄酒、猪血等招待屠工,并送红包对屠工表示感谢。

出栏后的农户,都会及时买回小猪饲养,要赶在春节前把猪养大出栏,谓之"养年猪"。如因日期短估计到年底养不到出栏标准,农户在买小猪时就会买大一点的,甚至买中等猪崽来养。总之一定要在春节前养大出栏。其目的一是增加经济收入,解决春节期间的花销,二是可以不用花钱买肉过年。杀年猪特别讲究,要一刀清,否则不吉利。村中习俗,要用猪头"谢年",所以杀年猪时要留下猪头。条件较好的农户也会留下一两只后腿用作自制火腿。

（十）养鸡

村中农户养鸡亦与养猪一样，基本上每户都养，少的四五只，多的十几只甚至几十只。农户养鸡作用有二：一是有鸡蛋招待客人，旧时习俗客人来了一定要有鸡蛋招待（子汤）；二是可以用鸡蛋换取油盐酱醋、针头线脑等日用品。因为农家平常很少有经济收入，无钱购买日用品，主要靠卖鸡蛋的钱去买，急时甚至直接拿鸡蛋到商店去换取。农户养的大部分为母鸡，因为能生蛋，比较划算。但一定会养一两只公鸡至春节，用它来"谢年"（因为旧习母鸡不能用来"谢年"）。母鸡下蛋要设固定鸡窝，窝内常放一枚蛋或较完整的蛋壳作引子。新鸡生的头生蛋极为珍贵，要给新媳妇吃，或给出嫁前的女儿吃，以祝早生贵子。若无新媳妇又无女儿，则给小儿子，视为补品。谢年后的鸡心，要给读书的儿女吃，取意吃了以后"记性好"，读书读得好。小孩子不准吃鸡爪，意为小孩吃了鸡爪写出来的字会像鸡扒地一样难看。谢年用的公鸡褪毛时要留三根尾羽，谓之有头有尾。

解放后，随着养殖业发展，农用化肥的全面应用，人肥、栏肥不再需要，以及农民收入增加，农家个体养猪、养鸡已无意义，因此逐渐放弃了成本高收益低的散养猪鸡的方式。至 21 世纪初，个体养猪已基本绝迹，养鸡也是极少数。

二、生活习俗

（一）饮食

1.主食

主食品种常年以米饭、粥当家，辅以面、羹、糕等。

米饭：农忙时每日三餐米饭，农闲季节，一般中午吃饭，早晚则食之以粥或羹面薯类。为了节省粮食，主妇还会把萝卜、菜叶、田荠（野荠菜）等剁碎掺入米中，做成萝卜饭、菜叶饭、田荠饭等充饥。

面类：有素面、米粉干、荞麦面等。素面、米粉干主要用来招待客人，很少用作正餐食用。荞麦收于立冬后，因此整个冬季每日都会有一餐荞麦面。

饼类:村中农家平常很少吃饼。只是到了小麦收起后,用自磨粗面粉做成麦饼,俗称"统丘饼",并用采自山上的野山枝花炒熟夹在饼中充饥,以度青黄不接的季节。

糕类:村中糕类食品只有年糕一种。农家把年糕当成吉祥食品。春节前大部分农家都自打年糕,一般打几十斤米,多的打一二百斤,可当作礼品送亲戚朋友。春节时吃年糕取"年年高"之意。

羹类:有米粉羹,六谷粉羹(即玉米羹,又称玉米糊)、荞麦羹。荞麦收起后,荞麦羹吃的人较多,其他两种羹吃的人少。年初一早餐,各家都要吃羹、粽子,意为吃过羹粽迎接新一年的耕种。

2.冻米糖

把糯米蒸熟,晾燥,搓散,晒干,用急火炒成米胖,麦芽糖、红糖或白糖加热搅拌溶化后,倒入米胖拌和,然后倒入特制的木框内,趁热压实,使之黏结,再切成片,然后装入密闭的容器内,随时取食,松脆可口。用此法可做成炒米糖、小米糖、黄豆糖、芝麻糖、粉丝糖、年糕糖等。春节前夕,村中几乎家家户户都制作这类甜食。改革开放后,由于饮食习俗的改变,现在村中已很少有人家制作这种糖了,但佛堂镇还有专门制作冻米糖的摊位。

制冻米糖工具

3.酿酒

村中家庭酿酒也很多。旧俗家庭酿酒须择吉日,一般以甲乙庚辛之日为好,而丙丁戊己壬癸日则忌,也有避庚辛之日,因"庚"与"羹"音谐,"辛"伸义"酸"之故,均为酿酒之忌。做酒时将糯米蒸好后,要盛一碗请长者。一般人家平常不喝酒,逢年过节或红白喜事时才喝酒。

红曲制成之米酒

(二)服饰

1.服式

旧时村民衣服朴素,花色单调,只求实用,不求华丽。清末民初,村民大多穿短衫长裤,腰束围裙,冬闲或春节时少数村民才穿长衫棉袍。20世纪30年代,男女衣料以自织土布为多,洋布次之。男子夏天多穿对襟短衫,妇女夏季穿短袖大襟上衣,冬穿长袖大襟棉袄。绒线衣初流行时,男作内衣,女兼作外套。50年代,男女青壮年多穿对襟短衣,衣料棉织品占绝大多数。70年代后,化纤布流行,村中男女衣式也多样化。80年代以后,村民衣着也与城市一样,服式多样,颜色鲜艳。

2.鞋帽

清末民初,村民多穿布制单鞋,少数老人穿布靴,缠足女穿尖头狭小弓鞋。"五四"以后禁止缠足,女子穿鞋式样才渐渐与男子相仿。夏天村民穿蒲鞋,出门、上山、赶集、下地干活时穿草鞋,亦有的成天不穿鞋。40

年代有段时间曾流行穿木拖鞋。冬季雨雪天气少数人穿牛皮钉鞋。20年代始,橡胶底"平等鞋"、篮球鞋、皮鞋、套鞋出现,但村民穿的很少,现在随着生活水平提高,村民穿鞋已与城市无异。

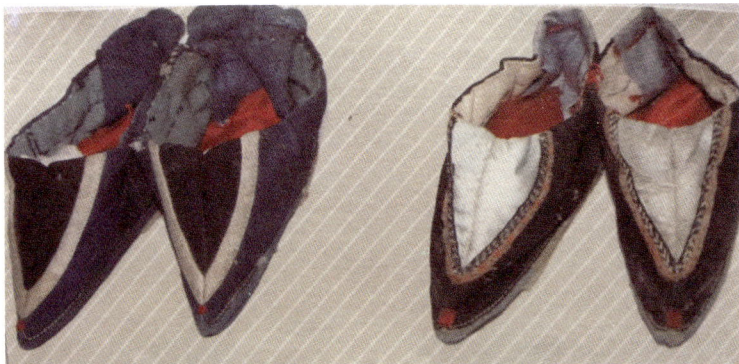

缠足女人所穿尖头鞋

清末民初,中老年村民大多戴绍兴毡帽,少数老人戴风兜帽,中老年妇女头上缠3寸阔黑绉纱御寒。夏天上山下田戴竹编笠帽,雨天干农活身穿蓑衣头戴笠帽。30年代起,有少数年轻农民改戴绒线帽,绒制猢狲帽。50年代年轻农民大多戴"八角帽""解放帽",老年人戴东北棉帽。近年来,村中青年男女流行麻织长绒有耳棉帽、人造革有舌卷边帽等。

3.童帽

童帽比较讲究,做工精巧,种类繁多。旧时男孩戴的有紫金冠帽、公子帽、狮子帽、狗头帽、月亮帽、鱼帽、石榴帽等等,这些帽大多为外婆家送给外孙周岁时的礼品。解放后童帽品种也很多,做工比较简单,但质地柔软,戴起来比较舒服。

4.佩戴

旧时村中女子兴戴手镯、戒指、项链和耳环。金戒指一般成人时戴,大拇指、食指和小指不能戴。未定亲前,戴在中指上,订婚和结婚后要戴在无名指上。男子戴戒指的习俗亦同。女子成年开面时,于立夏日穿耳孔戴耳环。解放后佩戴金银饰品之俗曾一度消失,近几年又开始兴起,女青年喜戴水晶、钻石胸花,戴金项链、金耳环和金戒指。

三、礼仪习俗

（一）待客

旧俗家中来客要泡茶敬烟,烧"子汤"(村中称鸡蛋为鸡子)以示尊敬,如留客吃饭,须以黄酒招待。春节时来客还要加上自制花生糖、冻米糖、小米糖、麦芽糖(俗称白糖)等招待客人,正餐要有肉、鸡、鱼、豆腐、八宝菜、豆腐皮包等,还要有最具家乡特色的大馒头夹红烧大块肉、红馃或年糕和粽子,所谓二样点心。

（二）婚姻

旧时本村婚姻,多由父母之命、媒妁之言而定,青年男女极少有自主权,同姓同宗及亲戚、不同辈不能通婚。婚姻讲究门当户对,看重男女年龄,讲究属相、时辰八字相生相克之说。

1. 婚制

纳妾:村中旧时婚姻基本上实行一夫一妻制,只有极少数在外任职之人,原来在家娶过妻子,在外任职后又娶了小老婆。

典妻:为妻不生育,或只生女不生男,典他人之妻育子续嗣,典妻仅凭中间人立约规定受典期限和报酬数额。

再醮(改嫁):封建时代,女子以夫死守节不嫁,从一而终为美德,民国以后多有再婚的,也有夫妻离异后再嫁的,俗称"二婚亲"。幼子女随嫁带入夫家抚养。

续弦:丈夫因妻死亡而再娶,俗称"讨填房"。

入赘:家中有女无子,恐日后乏人赡养和继承家产,因此招婿上门,俗称"招囡婿"。旧时赘婿受人轻视,解放后新婚姻法对男方到女方家落户的同样受到保护。

童养媳:主要双方家庭都比较贫穷。男方家庭儿子多,怕儿子长大后娶不起老婆,领个未成年姑娘来家抚养,待儿子长大后配给其中一个为妻,也可省下一笔钱;女方父母也因子女多养不起,将来嫁不起女儿,先将其中一个给男方当童养媳。童养媳多遭虐待,有的成年后被迫结合,甚至酿成悲剧。解放后,政府明令禁止领养童养媳。

中表亲:即表兄弟姐妹结为夫妻的,这种亲上加亲的婚姻关系,村中也比较普遍。解放后,新婚姻法规定禁止近亲结婚,但未绝迹。

并亲:中年或老年寡妇和鳏夫都因家境贫穷或无儿无女,晚年无人侍奉,愿与伴老同居,以过晚年,俗称"填舍"。

守寡:旧时受封建礼教约束,女子年轻失偶,上有公婆,下有子女,恐改嫁有伤门风,对子女不利,故立誓不嫁,谓"守寡"。守寡妇女规矩很严,要终身穿孝服,头戴小白花,不能大声说笑等。

2.婚礼

旧式婚姻缔结,俗尚明媒正娶。媒人说亲大多受男方家长委托向女方家长试探同意后,经过相亲,男方再备礼品定亲,俗称下礼。男方将庚帖(上写新郎生辰八字的大红喜帖)与花红(化妆品)、酒礼(酒及点心)、聘金(钱钞)等送往女方家,女方亦以所许女儿庚帖及礼品回礼。迎娶前二日,男方须送猪肉、馒头、红粿等给女方,作为新娘出嫁告别亲邻设宴之用。迎亲过程中,男方接新娘至家时,用两只麻袋轮流垫在进门地上,让新娘踩着麻袋进

七字果

家门,意为"传宗接代"。新郎新娘"拜天地",摆酒席款待亲戚朋友。酒席必须要有"三样点心四样吃"(三样点心指的是馒头、粽、红粿,四样吃实际上就是用各种佐料调成的羹)。条件好的人家选各种时鲜果品、鱼、肉、鸡、鸭、山珍海味等设宴,俗称"十六汇鲜"。至晚上,宾客及亲邻都会来闹新房,讨"七字果"(即以花生为主配以南枣、北枣、桂园等干果),看"新孺娘"等。喜宴一般持续三天,第四天新郎要到岳父家行回门礼(如结婚时间临近春节,回门礼即与新郎拜年一起进行)。新娘出阁必备嫁妆,要有蚊帐、合欢被(荷花被)、骨牌凳、抽屉桌、小橱、大橱、铜钱橱、箱柜、箱子、春凳、梳妆台等。女方有的因家境不好,嫁妆只有骨牌凳、箱子、抽屉桌等少数几种。此种情况

女方都会事先与男方沟通,约定双方都节约办婚事。20 世纪 80 年代流行
女方向男方索要"三大件"作为女方嫁妆:即手表、自行车、缝纫机。解放后,
婚姻自主,婚仪逐渐简单化,旧时坐花轿、拜天地不再进行,男女双方结婚,
只要在民政部门登记,领到结婚证,即算完婚,但也有男女方把婚礼办得非
常隆重的。

(三)贺生

孕妇临产前一个月,娘家要给女儿送鸡蛋、红糖、核桃以及婴儿衣服,
俗称"催产",婴儿出生,女婿即向岳父家报喜,并要送酒一担,名为"报生
酒"。岳父则回以糯米或粳米一壶,上放一对红蛋,另加素面一篮;岳母要
给邻居分报生酒。随后岳母又要给产妇送去老母鸡、鸡蛋、红糖、核桃及
婴儿衣服。婴儿满月时,外婆又要送各种礼物,产妇家要摆"满月酒"。到
婴儿周岁,外婆家要送周岁礼,周岁礼因生男生女而不同,如是外甥,除送
衣服、粽子、馒头、红馃、素面等外,还要送各种帽子,如公子帽、狮子帽、狗头
帽、方巾帽等,这种帽子做得特别精细,有的帽子上还缝上银制"八仙"和银
制狮子头。解放后,这种烦琐礼节已逐渐摒除。如今婴儿出生,无论是男是
女,待孩子满月或周岁,外公外婆包一个红包,是比较常见的做法。

童帽、项兜

（四）寿诞

寿诞即生日，俗以农历计算。生日分大小，每年一次是小生日，一般家里烧一碗素面加两个鸡蛋，素面要原根烧不可折断，意为长寿。逢十为大生日，但四十岁不做生日，因"四"与"死"谐音，故忌。大寿辰前一天，诸亲将寿礼呈献，中堂红烛高照，所有寿礼均要呈列于中堂方桌上，所赠寿联寿屏，以女婿为大，挂中间，然后按辈分类推。寿辰正日，点放炮仗，敬请神币，按长幼次序拜寿，然后吃长寿面，同时向左邻右舍每户送长寿面。中午宴亲宾。比较富庶的人家还有请戏班唱戏或请锣鼓班吹打的，但贫穷人家大多只简单吃碗长寿面。解放后有的人家做寿请放一场电影以招待全村人。

（五）丧葬

村中旧时丧葬习俗十分烦琐和迷信。二十岁以下死亡为讨债鬼，四十岁以下死亡为短命鬼，不能见阎罗王，两者灵枢都不能停厅堂。高寿、儿孙满堂者死亡，为喜丧，邻居、村人都要讨一份"长寿饭"吃，以祝长寿。老人病重弥留之际，子女须侍立左右"送终"，在外地工作的子女须急召回，如子女因路远未能及时赶回送终的，全家人都会感到遗恨。老人断气后，要移尸至厅堂或自家堂屋"落地"，面上要盖上土货；家人要把逝者双手捏拳放至胸前，表示"心口满足"；脚后点灯，灯具是用碗盛菜油浸以灯芯草，根数必须单数。堂屋临时用篾簟隔作两半，后面停尸，前面设灵堂，供亲邻进香拜吊。老人逝后要送无常，古时旧俗迷信老人死是寿元届满，城隍爷要遣无常前来召回，故需把无常以礼送走。死者家属备香烛、纸银锭及草鞋一双，纸糊插袋一只，上书死者姓名住址等，用火把送到郊外，把所送物品烧化。同时将死者睡过的草席被褥衣服拿到村子下方路口烧化，俗称"送活无常"。接着要向各方亲戚报丧，报丧前，要请风水先生选定进棺、出丧日期，墓葬地址等。然后派人往亲友家送讣告，俗称报丧。报丧人不论晴雨，都带雨伞一把，到亲友家时，必须把雨伞倒放在门后，亲友一见即知来送噩耗，不叙寒暄，报丧人必须吃罢点心，才告以死者何人、殓殡日期等，然后匆匆离开，到下一家。死者出殡前还要经过"买水""穿寿衣"等环节。出殡俗称出丧，是丧葬仪式中最为隆重的，出殡前，亲朋好友都会来参加，举行祭奠仪式，俗称排祭。有影响的人物出殡，还要进行路祭,祭毕才抬棺上路。此时死者子女穿白衣戴白帽,一般亲友只头戴白巾,俗称"头白",排成长队,儿子在前,手扶两根缠有白币条竹竿弯腰而行,女眷在后,所有女眷头顶都连盖着一长幅白布,俗称"铺头"。送葬队伍至墓地后,即把竹竿器皿等物放在墓地后返回,由修墓人将棺入土。至当日晚,死者家人设筵答谢送葬亲邻,送馒头、红馃等去晦气。从死者断气之日算起,每逢第七日须以酒水祭之,俗称"做七"。孝子孝孙百日后才能修容,以后在帽顶鞋尖缀以小块圆形白布作为服丧标记。死者死后生日和死期同年,俗称"异日",做阴寿或冥寿。客死外地运回原籍安葬的,只能在村外搭地簟铺停尸做灵堂。解放后,改革殡葬仪式,尸体实行火化,棺材改为骨灰盒,简化了许多烦琐的迷信仪式,现在对死者祭奠都兴开追悼会送挽联、花圈,亲属臂缠黑纱或胸佩白纸花表示哀悼,但大做土坟的习俗仍未改变。现在村后土坟越做越多,越做越大,几乎后半个村子都被土坟包围,严重影响村貌,恶化环境。应该另觅地建立公墓,使逝者能入公墓安葬,这是政府所提倡的。

四、传统节日习俗

(一)春节

农历正月初一为春节,俗称"过年",实际上过年时限要延至正月十八日(农历),过了十八才算过完年。旧时大年初一头件大事就是开门点香接福,在祖宗牌位前点香上供,序拜尊长、亲邻,恭贺新禧,家长给子女分红包穿新衣。早点一般吃羹、粽和年糕,取耕种顺利、小孩年年高之意。早饭后,本族男丁都要到祠堂祭祖,特别是读书人,不得缺席,这是本村族人一年一度的重要祭祀活动。这天一早,祠堂大开中门,族长、理事集体迎接祠堂太公(即始祖带来的铁罗汉)至祠堂,放在上位,供全族子孙参拜。族长要对到场子孙宣讲族训、族规和国家刑法,以促进全族子孙对族规、族训和国家法律的理解和遵守。礼毕,由祠堂理事分发馒头,男丁每人一双,七十岁以上加一双、小学毕业加一双,初中毕业加二双,高中毕业加三双,大学毕业加四双,以此形式鼓励子孙读书。在家务上,也有一些迷信说法,比如这一天忌扫地,谓扫地会把财气扫光;忌用刀切菜、切肉,以免引来血光之灾等等。旧时,春节期间时兴亲戚之间相互拜年。去拜年时要带礼包,俗称"斤头",即用粗纸包成上小下大的四角包,内装白糖、红枣、藕粉、莲子及糖果等物。拜年会持续整个正月。

（二）元宵

正月十五俗为元宵节,又称上元节、灯节。本村元宵节主要是兴桥灯。兴桥灯实际从正月初九就开始张罗起来了。初九这一天祠堂里要沐浴焚香,把木雕龙身(俗称灯头)从储藏木柜中取出,洗刷干净,装在特制的活动木架上,龙身周围装上特制灯架,按上琉璃灯壳,晚上点上蜡烛,就像火球一样,十分好看。龙身后面还要装 5 个金碧辉煌小宫殿,然后在龙身前放上猪头,摆上供品,焚香点烛,请"龙王下凡"归位,俗称"落架"。如此供奉 3 天,到第 4 天即正月十二日一早就开始接灯。雅治街兴桥灯,基本上一户一桥,接灯前后次序由各房派代表抽签决定,接在前面的桥灯必须在桥灯出祠堂门前接好,排在后面可以在迎灯途中接上。雅治街桥灯出游有固定路线,即龙灯出祠堂后沿街至芝玉堂转至后金再沿后溪至祠堂前,再按原线路绕灯 3 圈后转至古月桥,俗称"落大桥",再沿龙溪至下庄回走街路回到祠堂前,结束一天迎灯。如此 4 天结束整个元宵迎灯活动。在迎灯时间,户户门上都挂上红灯一盏,俗称"行灯",意为红红火火,一年平安。

（三）四月八日

旧俗相传这天为牛生日。时兴这天用豆饭喂牛,给牛辍耕,以示贺牛生日。这一天家人也都吃豆饭,希望可以体健如牛。

（四）端午

农历五月初五为端午节,又称端阳节。俗传五月是恶月,端午是"鬼日",村中这天门上都要挂钟馗画像、张天师画像和道家画的"驱鬼符",使鬼不敢进家门作祟。又说这天是"五毒"(蛇、蝎、蜈蚣、蜘蛛、蛤蟆)滋生之时,故要用雄黄酒喷洒墙角及阴暗

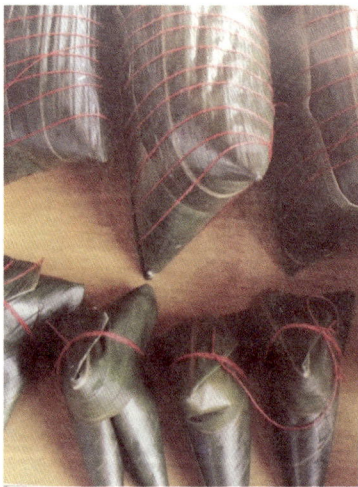

粽子

处,门上、床上、灶头、猪栏、牛栏等处都插挂菖蒲、艾条驱邪避毒。家家户户都要包粽子,吃五黄、鸡蛋、大蒜、馄饨、馒头等。新嫁女儿人家要用粽子、馒头、大蒜、鸡蛋及麦秆扇等"担端午"。已婚女儿若父母健在,要以同样的食品赠送给娘家,谓之"望娘"。

(五)六月六

农历六月初六,俗有"六月六狗洗浴"的谚语。农历六月,天气炎热,非但男女老幼要洗浴解暑,猫狗也如此,这一天家有猫狗的要把它推入池塘里洗个澡,谓之全年都清洁。家中粮食、种子、衣服都要晒一晒,谓可以全年不霉烂虫蛀。解放前这一天也是本村消防队演习的日子,把洋龙、水枪抬至龙溪岸边进行试射,以检验消防设备能否正常运转。

(六)中元节

农历七月十五为中元节,俗称七月半,又称鬼节,因此家家户户都要上坟扫墓,烧羹饭,也有到村外设祭坛,祭游魂孤鬼的。

(七)中秋节

俗称八月半。这一天村中各户都要进行赏月活动,谓"拜月亮",户户都不同程度备办月饼(面粉做的形同菜盘大小画有花纹的饼,烤过以后才可以吃)、油酥(即月饼)、香泡(柚子)、菱角、花生等,放在米筛上摆在门口,点燃蜡烛、香拜月,然后合家围坐,分吃月饼,赏月。

(八)重阳节

农历九月初九为重阳节。本村有男丁满10周岁在重阳节这天去永康方岩朝拜胡公的习俗。成年人这天去方岩拜胡公的也很多,俗称"上方岩"。民间传说永康方岩胡公很灵验,有求必应,因此去方岩朝拜胡公都十分谨慎,事先要沐浴净身,朝拜途中不能乱说乱讲。

(九)除夕

即大年三十夜,是最重要的传统节日,也是来年整个春节活动的开始。为了过好除夕和春节,村民大多下半年就开始准备了,如养年猪、饲鸡鸭、种糯米、酿黄酒等,到了腊月就开始忙碌起来。月初家家户户炒冬米,碾糯米粉,为下一步切冻米糖、打年糕做准备。腊月中旬,各户正式开切冻米糖、打年糕。如当年有女儿出嫁的,还要给女婿家送冻米糖,谓"担年糖"。至二十日以后就更忙了,杀年猪、年鸡(谢年时用的,一定要公鸡),趁晴天搞大扫除,俗称"掸尘"。二十三日晚要点烛焚香送灶神上天奏好事,二十五日早晨再点烛焚香迎接灶神归位,祈求灶神保一家全年平安。至月底所有门窗都要贴楹联,俗称"斗方",所有大件家具要贴上红纸条,以求吉利。家庭主妇要给子女添置新衣服、新鞋袜。至二十九、三十日,要盛供三牲福利、五谷祭品祭天,俗称"谢年",还要拜祭祖宗,至三十日晚一切礼毕,全家围坐吃年夜饭,俗称"吃隔岁"。每个房间、灶前、堂前、祖宗牌位前都要点上蜡烛至次日天明,称"满堂红"。这一夜大人小孩都可以参与各类文娱活动,长辈都不会干预。解放前,村中有少数农户因贫穷无法及时偿还欠债,债主就会在年三十晚手提灯笼到欠债人家中坐催(俗有欠债不过年三十夜之说),无奈之下,欠债人只好外出躲避(谓"躲债"),不敢在家过年三十夜。躲过这一夜就可以安心过个正月,因为俗规正月里债主是不好向人讨债的。

五、时令习俗

(一)立春

俗称"新春日",家家户户都要在门框廊柱上贴"迎春接福"红纸条。俗有"新春大过年之说",户主要按交春时刻燃香点烛、放爆竹接春。立春日忌吵嘴打架,宜说吉利话。

(二)清明

村中习俗清明这天户户都要上坟添土。门口要插杨柳,养牛人家要把牛牵到野外吃青草,俗称"抢青"。小孩头戴草子花或用柳条和草籽花做成的花环。家里普遍要做"清明粿"。这天谷种下地,表示春耕开始。村里最大的活动是迎"清明灯",又称"太平灯",以求得本年村中风调雨顺,全村平安。所以各户都积极参与。在举灯过程中,大家都十分注重平安,不扯灯、不闹灯,不能碰破灯笼,不能熄灭蜡烛,相互都说吉利话。旧时这天全村小孩都要到"灯头爷爷"前种牛痘,种过牛痘后,父母要给孩子烧鲫鱼汤喝，说这样可以促使痘疤结得好，以后就不会出天花了。

清明粿

（三）立夏

立夏日村中有用大秤称人之习俗，谓称后不会疰夏，称时秤砣只能向外移，不能向内移，即只能加重，不能减轻。立夏是插秧最忙季节，有"立夏前种半田"之说。立夏日忌坐门槛，说是立夏日坐门槛容易日后腰酸背痛。

（四）夏至

农谚有夏至见稻娘之说，此时是割麦季节，又是青黄不接之时，此时农民大多以小麦为主食，每天都吃用粗面粉做的饼，谓"统丘饼"，以前公常收麦租也是这个时候。

（五）冬至

冬至日，农家均要上坟扫墓祭祖，其俗与清明相同。村中许多在外地工作的人，亦在冬至这天赶回来上坟祭祖。

六、农事谚语

草子种三年，坏田变良田　　　　　　吃过端午粽，还要冻三冻

春霜难露白，露白要赤脚（下雨）　　春霜三朝白，晴到割大麦

春雾雨，夏雾热，秋雾凉，冬雾雪　　春天小孩脸，一天变三变

东鲎（虹）日头西鲎雨　　　　　　　稻黄一日，麦黄一刻

冬冷勿算冷,春冷冻煞犊(牛犊)　　　冬雪是个宝,春雪烂稻草

惊蛰未到先响雷,地上未燥雨便来　　冬季前后,滴水勿走

六月盖棉被,有谷无米　　　　　　　六月荷雨隔牛背

清明要清(晴),谷雨要淋(雨)　　　　清明断雪,谷雨断霜

秋分不出头(出穗),割掉饲牛　　　　七月秋风转,八月戴帽碗

蚂蚁(蚯蚓)出洞爬,雨水乱如麻　　　雨夹雪,落不歇

雨打早午庚(早晨),雨伞不要撑　　　雪不化,等雪娘

雨打中,二头空　　　　　　　　　　晴冬至,烂年边

春东风,雨蒙蒙;夏东风,井底空;秋东风,烂草蓬;冬东风,要早冬

七、生活谚语

黄胖搡年糕,吃力不讨好　　　　　　食人家嘴软,拿人家手短

食不穷,穿不穷,划算不好一世穷　　大鱼吃小鱼,小鱼吃虾米

赌博钱一篷烟,力气钱万万年　　　　夫妻恩爱,讨饭愿该

姑娘嫂,落得好　　　　　　　　　　过头饭好吃,过头话难讲

好佬三个帮,篱笆三个桩　　　　　　和气生财,造孽招灾

冷粥冷饭好吃,冷言冷语难听　　　　金无足赤,人无完人

卖柴人烧青柴,扪(捕)鱼人食死虾　　砻糠搓绳起头难

廿年媳妇廿年婆,再过廿年做太婆　　亲兄弟明算账

穷在路边无人问,富在深山有远亲　　人怕伤心,树怕伤根

日里打相打,夜里摸脚梗(夫妻吵架)　人要心好,树要根牢

三岁打娘娘会笑,三十打娘娘上吊　　日靠三餐,夜靠一宿

兄弟一条心,门前黄土变黄金　　　　上梁不正下梁歪

上半夜想想自己,下半夜想想别人　　贪吃落夜,贪少失大

田邻好好种稻,邻舍好好靠老　　　　少吃多滋味,多吃坏肚皮

为人不做亏心事,半夜不怕鬼敲门　　外行看热闹,内行看门道

心正不怕壁斜,猛火不怕青柴　　　　不怕不识货,只怕货比货

新三年,旧三年,缝缝补补又三年　　不听老人言,吃亏在眼前

一分铜钱一分货,一分力气一分收　　一勿赌食,二勿赌力

辛苦铜钱快活用，勿穷也要穷　　　　　　有口说别人，无口说自身
一代亲，二代表，三代无大小　　　　　　一日被蛇咬，三年怕井绳
只见和尚吃馒头，不见和尚受戒难　　　　债多不愁，虱多不痒
指头伸出有长短，牙齿口舌要相斗　　　　做样生活，换样骨头

八、方言

五庚头——早晨	五庚饭——早饭	午饭庚——中午
午傍——下午	靠夜庚——傍晚	午饭——中饭
夜饭——晚饭	嬷嬷——祖母	伍妈——母亲
丈伍——岳母	丈仰——岳父	姐丈——女婿
囡——女儿	身架——身体	夜话落——噱头
顺手——右手	借手——左手	记挂——关心
侬——你	居侬傢——回家	真奇——漂亮
侬班人——你们	新孺娘——新娘子	造孽——吵架
箸——筷子	明昭——明天	热头——太阳
鲎——彩虹	好极——很好	过辈——去世
弄送人——捉弄人	做侬傢——节俭	槠剥皮——吝啬
论唸——乱说	气不过——不甘心	老白億——说谎
十八力——过硬	麻痢——麻子发	痧——中暑
难扣——不能去	老丫——乌鸦	虎眼——蚂蚁
蚂蚖——蚯蚓	鸡子——鸡蛋	黄牯——公黄牛
天萝戏——油条	酒水——酒席	丁香——耳环
银钴——银项圈	薄刀——菜刀	勾刀——柴刀
踏步——台阶	厕缸——厕所	摸虱——磨蹭
真箍抽——真实	结棍——厉害	沙劫——镰刀
锁其——钥匙	溪坑——溪流	溪绳——溪堤
火熜——火炉	造佛——菩萨	苞芦——玉米
茭笋——茭白	佛豆——蚕豆	蚕豆——豌豆
天萝——丝瓜	辣蔬——茄子	辣虎——辣椒

金瓜——南瓜　　香瓜——黄金瓜　　红萝卜——胡萝卜
眼睛孔浅——贪小　　眼孔热——羡慕　　胡里白空——没有的事

九、歇后语

矮子爬楼梯——步步登高　　八仙过海——各显神通
白布落染缸——洗不清　　包公审案——铁面无私
陈年皇历——过时　　打空手拳——无资本
大姑娘坐轿——头一回　　屙缸里的石头——又臭又硬
饭店门口摆粥摊——抢生意　　跷脚拐赶到市面散掉——迟到
关门看老婆——越看越中意　　猢狲屁股——坐不牢
黄狗奔弄堂——跑来跑去　　鸡子里挑骨头——故意找茬
鸡子碰石头——不自量力　　脚踏两只船——三心二意
口气呵板壁——白费力　　裤带打个结——系（记）牢
困醒拉屎出——明知故犯　　水田翻捣臼——越翻越深
老鼠跳进米缸——随你吃　　老鼠钻风箱——两头受气
上犁上耙拉尿屙——拖时间　　六月屙缸——越捣越臭
麻绳缚鸡子——两头脱　　泥造佛过河——自身难保
强盗碰劫贼——一样　　拿鸡毛当令箭——依仗权势
弄堂里背毛竹——直来直去　　石板上掼乌龟——硬碰硬
水浇鸭背——白费力气　　脱裤子放屁——多此一举
驼背落棺材——摆不平　　屋漏连夜雨——倒运
无头苍蝇——乱撞　　无尾巴猪——抲不牢
一朵鲜花插在牛粪上——可惜　　小和尚念经——有口无心
新造茅坑——三日香　　阴沟里洗脚——越洗越脏
砧板上的肉——任人宰割　　燥地蚂蟥——叮牢不放
赚钱不出力，出力不赚钱——不公平　　癫头想小姐——异想天开
老虎追到屁股后还要问雌雄——心宽

第十七篇　党、政、群组织

一、党组织

　　雅治街于 1955 年有了第一位党员，1956 年成立了党支部，现有党员82 人。历届党支部都根据当时党的中心任务，组织全体党员学习党和政府围绕中心工作所制定的方针政策，不断提高党员的政治素质，明确自己所负的政治责任，从而结合本村实际情况，在各项工作中发挥自己带头模范作用，实现党支部在全村所有工作中的领导作用。

雅治街历任党支部书记名单

姓名	任职时间	姓名	任职时间
朱成代	1956 年 3 月—1957 年 7 月	朱顺良	1987 年 4 月—1987 年 9 月
朱成聪	1957 年 7 月—1958 年 9 月	朱智荣	1987 年 9 月—1996 年 12 月
朱成代	1958 年 10 月—1969 年 12 月	朱顺良	1997 年 1 月—1999 年 4 月
王樟禄	1969 年 12 月—1983 年 6 月	金来根	1999 年 5 月—2005 年 4 月
朱贤福	1983 年 7 月—1983 年 11 月	朱智荣	2005 年至今
丁执登	1983 年 12 月—1987 年 4 月		

二、行政组织

　　雅治街是一个朱姓宗族聚居的村庄，在长期发展过程中，主要通过理事会的形式进行自我管理。

　　民国十七年（1928）浙江省推行"邻里制地方自治"，规定 10 户为邻，设邻长；10 邻为间，设间长；10 间为乡（镇），设乡（镇）长。雅治街按此设52 邻、5 间、1 乡。

　　民国二十三年（1934），国民政府发布法令，全国实行保甲制。雅治街按街南街北成立 2 保 20 甲。

1951 年土改时,保甲制、理事会被废除,相应成立了雅治街村村政委员会,属刹溪乡。

1956 年,农业生产合作化,村政组织改称生产队,属刹溪乡。

1962 年,雅治街成为东朱人民公社雅治街生产大队,行政组织改称东朱人民公社雅治街生产大队管委会,属东朱公社。

1968 年,雅治街生产大队管委会改称雅治街生产大队革命领导小组,属东朱公社革委会。

1979 年 3 月,雅治街生产大队革命领导小组仍改称雅治街生产大队管委会,属东朱公社。

1984 年 3 月,撤社改乡,东朱人民公社管委会改称东朱乡人民政府,雅治街生产大队管会改称雅治街村民委员会,属东朱乡政府。

1992 年 5 月,撤乡并镇,东朱乡政府并入赤岸镇,雅治街属赤岸镇。

雅治街历任村干部名单

职务名称	姓名	任职时间
村政主任	朱顺法	1951 年 5 月—1955 年 6 月
村政主任	朱成代	1955 年 6 月—1958 年 12 月
生产大队长	朱珠新	1958 年 12 月—1966 年 12 月
生产大队长	姚光兴	1966 年 12 月—1968 年 4 月
革命领导小组长	朱成代	1968 年 4 月—1970 年 1 月
革命领导小组长	朱成宝	1970 年 1 月—1976 年 11 月
革命领导小组长	朱珠新	1976 年 11 月—1979 年 3 月
大队长	朱贤福	1979 年 3 月—1982 年 10 月
大队长	朱顺堂	1982 年 10 月—1984 年 3 月
村委主任	朱顺光	1984 年 3 月—1987 年 10 月
村委主任	朱顺林	1987 年 10 月—1994 年 3 月
村委副主任	朱顺良	1994 年 3 月—1997 年 1 月
村委主任	朱荣明	1997 年 1 月—1999 年 4 月
村委主任	朱智荣	1999 年 4 月—2005 年 1 月
村委主任	朱成金	2005 年 1 月至今

三、共青团组织

雅治街团支部成立于 20 世纪 50 年代后期,团员大部分为青年农民中的积极分子,也有部分待学学生,他们大多是在学校入了团,未能及时入学,待学在家,而将组织关系暂时转入村团支部的,雅治街团支部团员最多时有 80 余人。他们在中国共产党领导下,团结广大青年,为本村经济建设、文化建设,为实现农村小康水平等方面起到积极作用。

四、妇女联合会

雅治街妇女会成立于 1951 年本村土改的时候,又逢中华人民共和国成立后修改的第一部国家法律《中华人民共和国婚姻法》公布之际,雅治街妇女会以此为动力,在土改工作队的领导下,组织青年妇女成立宣传队,深入群众当中,讲解《婚姻法》的具体内容:宣扬妇女解放,反对男尊女卑,倡导婚姻自由,反对父母之命、媒妁之言的包办婚姻,严禁童养媳,等等。通过一系列宣传活动,大大提高了广大妇女的政治觉悟和阶级觉悟,妇女积极性大大提高。在此基础上帮助部分童养媳解除了婚姻,维护了她们自由婚配的权利。同时,雅治街妇女会还组织妇女参加文化学习,上冬校、上夜校,参加文艺宣传队,参加互助组、农业生产合作社等,极大地发挥了妇女在政治、经济等方面的积极作用。

1977 年,国家提倡计划生育,实施晚婚晚育政策,规定一对夫妇只能生育一个孩子。这是一项十分重要的基本国策。雅治街妇女会为贯彻这项基本国策,在党支部领导下,组织力量深入育龄夫妇当中,做深入细致的思想工作,具体帮助育龄夫妇采取多种办法实施避孕。通过长期努力,使 445 对育龄夫妇实现只生一个孩子的目标。雅治街妇女会在计划生育中取得了很大成绩,得到上级有关部门的肯定和本村村民的好评,担任妇女主任一职 23 年的朱翠玉同志也得到了全国村(居)委会优秀计划生育工作者荣誉称号。

五、老年协会

雅治街老年协会成立于 1993 年,会址设在翰林第,会长朱成宝。21 世纪初,会址迁至朱氏宗祠内,会长改由朱顺旭担任。

雅治街现有 60 岁以上老年人 237 人,占全村总人口的 13.4%;70 岁以上老年人 119 人,占全村老年人口的 50.21%;80 岁以上老年人 61 人,占全村老年人口的 25.7%;90 岁以上老年人 12 人,占全村老年人口的 5.06%;目前百岁以上老人只有朱成代 1 人,也是全村有史以来第二位百岁老人,我们应该为他的长寿而祝贺。

雅治街老年协会在朱氏宗祠内设有书报室、展览室、棋牌室、电视教学室,每周一次进行老年人健康教育活动。另外,还设有各种健康器材,供老年人锻炼身体,老年协会每年还会组织老年人外出旅游等。

雅治街老年人现在的养老方式,因经济条件限制,只能以居家养老为主,对于无子女依靠、丧失劳动力和残疾人员,经有关部门批准可进入赤岸镇养老院养老。其他 60 岁以上老人,每人每月获政府补贴 140 元。雅治街老年协会现办有老年食堂 1 处,75 岁以上老年人可进入食堂用餐,1 日 2 餐,每人每月交费 120 元,政府补贴每人每月 120 元。

六、农民协会

雅治街农民协会,成立于 1949 年七八月间,是由农民自发组织而成,同期还成立了一支约 20 余人的自卫队,其主要任务是协助政府开展剿匪工作。农民协会主任由朱昌伍担任。1950 年朱昌伍辞去主任职务改由朱昌道担任。1951 年本村开展土地改革运动,土改工作队重新改组农民协会,经过全民选举,王芝云当选农民协会主任。当时农民协会的主要任务是组织农民进行土地改革,没收地主土地和多余的房屋、耕畜、农具、家具,征收宗祠土地和富农的部分土地,按人口以"进 5 退 6"的标准分给全村贫下中农和雇农。土地改革后,组织农民发展农业生产。1952 年王芝云去杭州工作,农民协会主任之职改由朱成代接任。后因政治经济形势的变化,农民协会渐渐失去作用,最后自行退出历史舞台。

第十八篇 人 物

一、人物传

左都督朱将军传

左都督朱将军,名荣贵,义乌野墅人。将军天生英杰,岂偶然哉,譬诸骐骥渥洼出焉,譬诸凤凰丹山宅焉,盖降祥有自发轫有古之人,所以其绩遐荒,而每念不忘,梓里如班,定远骠骑已事至今,称之不则,沿流而浸失其远,君子恶其无本,非其衣绣夜行之说也。左都督朱将军荣贵起家闽陕,移镇徐扬,其先实婺产也,自西晋东阳太守讳汎者,始家於义乌之赤岸,有孙曰垣,亦守东阳,传世十五,至野塘公属族益蕃,其元孙讳公信则自赤岸而家于龙溪。龙溪孔道山水至佳,异人盖接踵焉,然多安于土著,惟公之父讳希尧者,以有其弟希舜养,乃以明季,戎长随征至闽,累立战伐有声,用笃生将军弥恢厥绪,时范公承谟督师闽海,论平台湾,功性将军称最,遂晋左都督管陕西神道岑营游击事。

今上御极之二十三年,覃恩锡命,荣其先公之父希尧,大父讳肇辅,曾大父讳承恩,并赠为荣禄大夫,公之母裘氏,祖母郭氏,曾祖母张氏,并赠为一品夫人,厥配林夫人亦以一品晋秩受封焉,夫公奋迹,戎行荣登三事至于纶音载锡历世,弥光信乎,渥窪所钟不舆,凡骊伍丹山之出而羽仪人世,其景曜何如哉,重孙果毅良由述祖维勤三世恩荣,益念忠君罔斁伏读温纶,乃知天之生公与公之所得乎,天者良非偶也,公继以副将迁任镇江,凡逾年辄遣人祭其先垄,并致书遍访族人,络绎不绝,荣归且有日,无何以疾卒于署中,其家人复载主而归于闽之清楼门内,音问盖阙有间矣,或传其易箦时,惓惓以不能复抵乌伤为恨,然犹幸有凤卿者系其叔氏希舜之子,将军堂弟也,以时方修家乘,携其诰命四册,并公行述示,因为传其大略,如此将军之丰功伟绩历显于闽陕、徐扬间异日史册,自能修载矣俟余言之詹詹为。

清康熙五十九年岁次庚子二月吉日

汤溪祝菁茇元英氏拜撰

邑庠生耿斋公传

耿斋公名朱承祉,字介士,耿斋是其号也。考其先自赤岸徙居龙溪,虽有文人而国朝以来,儒风尚未大振,既有长子克家,公其仲也,遂慨然教公就学,公矢志经书,不数年,而微言大义,无弗融释,且以其余力旁及韬钤,子史诗词亦皆可以纵横受敌,父心深喜之,乃年逾弱冠,父遽逝世,公欲速就功名以承先志,服阕辄文武兼考,获隽武庠,自是以后,济济于郡庠,序指不胜屈,而龙溪之文风称最盛焉,实公之有以开其先也。公既丧父,及其遂与家兄析产公于家中钱谷之务,若度外任之,曾无所经营措置者,初疑其锐意进取未暇琐琐,乃久而宁谧自如,每积有余财,矣遇亲属之急,辄倾囊以周之,或告贷焉,亦不计其力之能偿与否,不能自忍其情以拂乎人之意也。尝自戏曰:天不容我之有余耳。然值其有余之时,而三党适无待济与告贷者,则亦因以稍增其产业,乃时与宾友相往来备款洽而多植花卉以自娱,则又曰:此天赐以乐我之有余也。次姊适人之后,家势中微,公笃于同胞之谊,时均共甘苦,常恐质诸九泉有未足慰父母爱女之心,则恻然自伤。逮姊偶病,躬为侍起居,供汤药焉。嗟乎,富贵在天,闻诸夫子其弗信矣乎,夫所谓天者,岂必意外之遭有猝然而至者,循循于日用之间,凡时义之所当然,有不容于不然者,莫不有关于渐富渐贫之故,则皆天命之不可违者也。不知天者,忘以富为可求骋其智力以与时义相抗,每至忍情害义而不恤,则无论其所求不遂,即求富而果富其如处处情义有亏有靦面目几不堪自立于人前,何若公之惟义所适而时时流露其乐天之趣耶。公既翛然物表与世无竞,乡党间时以和风披拂之,正令人如饮醇醪,不觉自醉耳。纷纠之会雅不欲于是非场中,越俎而代为之谋也,是以端居多暇,辄托诸吟咏以见志赏谓李白云,自从建安来绮丽不足珍,又云大雅思文王颂声久,崩沦自是高唱绝俗,实亦千古谈诗之正轨也。公之诗力追始固,即此足征其雅,尚哉赞曰,依古以来富贵之不如贫贱者,不胜道者,然欲富贵而恶贫贱,役役于其间,而不免戚戚以终其身,固比比而是,则皆常情之不喻于义也。子云"君子坦荡荡",又曰"君子泰而不骄",惟公其庶几矣夫。

清乾隆二十六年岁次辛巳季夏之吉

岁进士候选教谕表侄孙毛巨翮拜撰

朱宪章先生传

先生讳永法,号园汀,宪章其字也。郡庠禀膳宿儒,忠厚谨恪之风著于遐尔,凡事称宪章先生所倡导,寻者即人皆乐于信从,而翕然异议,盖服人有素而易知,有亲易从功庶几乎贤人之德业者也。当年甫十七时,父患发背,母遭笃疾,仲弟稍长,又病痃癧,越四载而母命不延,越六载而父与弟之病始愈,数年中先生以一身尽瘁,其间奉汤药,侍起居,进余食,夙夜勤劬,久而不懈,哀毁尽礼,不以养生丧死之交迫,稍殆馀憾敦孝友之实,立德行之本,宜乎人无不敬之重之也。先生族分十八派,赤岸有十八派之总祠,即有十八派之总谱,而族大势涣不能合修者久矣,族以先生为人所信服,议以先生董其事,庶不以有所暌违而偾厥事先生以事关敬宗睦族,即毅然任之,不辞鸠工,于雍正丙午越期岁而告竣,盖族之盛事也,亦族之仅事也。工既成,先生又以本族祖祠有寝有而未有台门,即庙制未备也,公期鼎建而绌于力,爰集族众议,各捐资生息以待,以久而奏功。先生即捐资五两,以为之倡,而族之众而捐资者甚众,且议每岁之中丁捐微资一次,以助之积息之久迨先生既殁,十有六年,后人因得以改建家庙,以成尊祖之体,此非先生之志事光于前,而裕于后者乎。且本派之谱,承讹既久,亥逐多误,先生以董修总谱,而知之辄欲考订以归划一,奈未届修谱之期,赍志未遂,疾革之秋,谆谆以此事勖后人焉,眷念本宗之情何其挚也。殁后三十年,而谱牒俱厘正俟事焉,亦何莫作先生之有志竟成也哉。乃若义所当为不为利疚,如业师许锡五先生老而不能自存,先生极力济之,敬事费替盖弟之于师就养,无方眼勤虽闻之自古然仅于先生见之矣,又没而经纪其丧事,首出囊金十两以倡之,邀友朋亦各量力相助,以成美终之意,此其尤彰著者陶成所及,乐于成人之美,则绰有郭林宗之风,如许其勗王宝川者,先受学于先生,继而艰于卒业,先生膳以馆谷,勉以弗挫其志,皆能就其功名焉,没而哀之者众,历时之久,每见人之随事追忆者,辄泣然垂涕曰:恨吾宪章先生之不复在也。先生生于清康熙丙寅年八月初九日,卒于清雍正壬子年八月十五日,享年四十五岁。

清乾隆二十六年岁次辛巳年孟秋之吉

岁进士候选教谕年家眷晚生毛巨翮拜撰

待赠文林郎永翼公传

余秉铎义庠职司风励每好览邑志,载前代孝子忠臣伟人杰士,及一切世家硕德,盖他邑莫敢望焉。其自宋元以来,出于朱氏者尤盛,此固由稠山绣水钟毓之灵,抑先泽之留遗不可诬也,既而庠中诸生率以文进,而朱氏子有开印开相者,奉其尊大人敬堂老先生之命来谒,家学渊源,余既雅契重之,因是得交于敬堂先生,称莫逆先生惟务以善相劝不尚声气,所谓澄之不清,摇之不浊者,庶几近之。谈论之暇,并悉其先世之代有令德,为能大庇后人,而先生遂出,其令祖子翔翁行述一通蕲余为之传。余愧力薄,无由发潜德之幽光第念为人子孙,而表扬先烈俾垂勿替,甚盛心也,余虽不文,其敢以传辞。谨按予翔翁者,姓朱讳永翼,字子翔,世居龙溪之里,朱氏分十八派,龙溪其一也,曾祖父曰文尧,公祖曰世禀,公父曰尔瑞公,母丁氏,生翁兄弟四人,伯父宪章,先生讳永法,为邑禀生,有声于时;仲兄讳永绍,三即翁也,季讳永逵。自古世禀公尔瑞公代置贤产,为读书膏火之资,而宪章先生遂以文名。翁生而敏达过人,童时授之句读便能成诵。以失持早未竟其业,弱冠客游于杭,到处有逢迎,翁亦不知其所以然。后岁以为常云,翁天性既挚,善根亦深,自幼克尽孝道,已而事继母蒋氏,无异所生,且恪恭厥兄友爱于弟,昆季怡怡相聚者,数十年如一日。尔瑞公之七秩大庆也,翁与伯兄宪章先生暨仲兄季弟舞彩称觚,亲朋毕集,一时文人学士缙绅先生作歌祝,以纪其事,至今荣之。翁于此可谓能子孙。元配蒋氏,名门女也,以早世无育,继配冯氏,德性温淑而勤谨,中馈协吉闱范贻休,举丈夫,子四,长即敬堂先生之令先君也,谓士樑,字镇讳,食禀上舍,次讳士楠,太学生,三谓士本,恩赐耆民登士郎,幼谓士松。翁治家有法,奢俭适中,以故食指綦繁而家声隆隆,日起以实润屋式扩堂构正复不一而足也。长君镇韩公,性孝友异于常人,尤好读书,无寒暑,手不释卷,翁爱之诸子无所靳,居家课一子,寝食不离。敬堂先生之未冠,久泮庭讯之力也,然镇埋公以体弱善病,先翁卒,翁于是课孙益力,凡所扶而进之者,亦弥勤迫亲,见其孙之起眼補禀,而后喜可知也,顾所望不止此,而敬堂先生遂于是科得中矣,有志竟成,视攀丹桂犹操卷而获,然吾尤服翁之卓识雅量,为能度越寻常而争睹之为快也,翁负奇杰之姿,而动循礼法,凡事专务大体,不沾沾目前之计。其待子孙宽中有严,苟稍有过差,曾不少假家规,肃然为乡党式。生平雅重斯文,崇齿让于师傅,更致敬礼至如敬祖修祠,敦宗睦族,与夫荒年出谷赈饥,诸事此皆翁所乐为者,以另有传不赘,他若解纷排难,恤孤怜贫口碑尤在人间,非只壶殡之惠已也。先时府县学耳翁之名,使人聘请宾筵者盖非一次,翁以性非所好辞不赴,其务实不务华,大率如此。翁生于清康熙乙亥年十月初七,卒于清乾隆壬辰年七月十六日,享年七十八岁。

清嘉庆乙未年春月之吉

特授教谕衔管义乌训导事年家眷晚生李锡龄顿首拜撰

邑廪生朝阳公传

朝阳公名朱士梁,字镇韩,朝阳其号也,公笃行君子,祖居蒲墟之赤岸,后由赤岸迁龙溪,倘尚淳朴。高祖慕唐公为冀北游,见世乱,弃囊金先归,人服其远见。国初,曾祖世禀公延师讲学,置贤田若干,家尔公继之,书香益茂。父讳永翼,字子翔,读书知大义,性笃孝友,而经历艰辛,危苦万状,述之令人流涕,且另有传,故不赘。母冯氏,性淑慎,举丈夫子四,长即朝阳君。君自幼言笑不苟,年十五从伯父宪章先生学,即以千里驹目之。甫弱冠,尊翁客杭病邸,君闻急与叔奔驰,多方救药,得少差归棹沮风滞富阳,叔父又病不起矣,君目是痛叔父之没,而又恐伤乃翁心也,含泪敛尊,不敢出声,其情曲至哪。此年二十二,师东阳陆石屏先生,明年入邑庠,始锐意举子业,操轹擅场,然石屏造就后学,专心身教,不徒章句文字,君受业数年,心知庶子春华不如家丞秋实,辞归养亲。适有目患,性终日静坐,沉思之久,大有所悟,悉取从前宪草焚之,不复留意于此云。年三十五,丁母冯太君,忧哀毁,尽礼乡党,以为式服,阕益究思礼学,日取四书五经,小学近思录。

　　御纂修理精义,及陆清献公松阳讲义等书。沉潜反覆有来学者,即以是教之。每举先儒之言曰,不有真实心地刻苦工夫,学何由进。课徒作文,月初朔望两期,门下亦往往见知于学使者,乙亥科试,其长男兆盛年十八,以考经解,兼然小学,性理五经,极为雷翠亭宗师所赏,补子弟员,盖得之家教云。君雅不务揣摩时艺,每应试文不尚华饰,取达意而止,细按之则清雅可诵。庚辰年四十五,大见赏于宗师李鹤峰先生,首拔食饩盖显,晦有时如君务本学,落落寞寞不与时彦争长,未不遇知识,倘由是遂掇巍科登显仕,以生平实学见,实用当必早有可观。视世之徼幸进身无补放时事者何如也,然君终数奇不利棘闱,又素体弱,竟于丙戌重九后五日修文地下矣,时年五十又一。余与君交契久,自丁丑郡邸相识,后每聚会,好谈论书彻夜不厌,丙戌夏,同次婺城,君绸缪往复,不忍分手,惓惓订继见之期,欲下榻以待,余亦拟泛舟过访。乃余既不果往,而君亦遂不少留也,岂聚散有时欤?抑君自有其不朽而不在寿命之长短欤?君为人恂恂信实,勇于从义,亲友有匮乏者,即慨然周之。论学一遵程朱,凡杂于功利,持职儒阴释之说,皆在所斥,其致功专务居敬行力不在口,尝谓吾道经先儒发明已无余蕴,何必复言,故生平著述不多。见性笃儒慕,虽病中,犹曲尽人子礼,及易箦惟以不克终养不憾,他无所言,其友爱诸弟信异常人,乃翁每与人言及君孝友事皆嗟叹,泪落不能禁。配陈氏,相敬如宾,举二子,长即兆盛,有能文声,次兆井,朴实醇谨,诸孙更秀起可卜有造谓朱氏之门必大也。余赏以事再至某处,庶几如君在者。君没后三年,而兆盛食禀上舍,旋举于乡,所谓笃行君子者,行将光之史册,岂惟荣之家乘已哉,抑以见吾言之信而有征也,于是手书。

　　清乾隆四十六年岁次辛丑冬月之吉

　　邑廪生候选训导员吴宁同学弟胡以彩拜撰

孝廉朱敬堂先生传

戊寅秋师党朱宅有修谱之役,世兄弟谋于篯,曰尝闻先人无善无称之者,诬也,有善而不知不明也,知而不传非弟子之职也。吾子从先君游最久,且知之甚详,曷不为先君传,篯蹵然曰:先生学业如此其精且勤也,教诲如此之宏且远也,居乡党处宗族如此敬且和也,以蠡测海,以管窥天,篯乌是以传先生世?兄弟曰子母,然吾子谊属师生,情同骨肉,其焉辞。篯因聊述所闻所见者以应命。先生讳兆盛,字明修,号敬堂,太师祖子翔公,师祖朝阳公俱载邑志,无容赘述。先生幼遂颖异家学,相传年十八蜚声黉序。性以养亲读书为事,与先君子交归厚,辄以文学相往来,既而丁师祖忧,居丧尽礼,乡党以为式服,阅补食禀饩科岁屡试冠群。年三十四,登辛卯,贤书公车,后公益纯,每日拈题必课,数艺佳则留,否则删之,故操觚家多有先生文焉。后数载复丁承重优读礼外,亦手不停披,口不绝吟,凡有益于身心者,靡不潜心体究,毅然以斯道为己任,此先生学业之精勤,篯之所早闻于先君子者也。回忆先生中式之岁,方篯设孤之年。当其主席浦阳郑氏义门书院,先品行次文艺,从学济济所成就者,或掇魏科父老兄弟仕笈,如郑和钧讳祖治者,获癸卯科,隽后秉铎余杭,亦其人也。篯以年幼不获远从先生游,逮弱冠负笈就学数十年间,侍侧于先生家者居多,时与同堂受业,先后数百余人。先生因材施教,大叩大鸣,小叩小鸣,群然如坐春风,每课文好点铁敲风,更深不倦,以故名士多出其门,不独采芹食饩之有其人也,岂非薪传相衍绵绵不绝乎。要皆篯所亲见,而知先生教诲之宏且远也。顾窃思才高者多矜己,学实者多凌人,名重者多震物,先生则温乎其貌也,蔼乎其容也,讷讷然如不出诸口也。如公事,则修文庙、修书院、修邑志,襄其事不务其名;如家事,则修大宗、修小宗、修谱牒,秉其文不居其功。且公廷无干请之踪,闾里有月旦之评,拣选知县不乐仕,为师祖母在堂,思色养不以禄养,此真所谓鼎享之养不易菽水之欢者欤。先生之敬且和,见于族党,如此此又篯所乐与述闻者也。庚申岁先生年六十三,师祖母逝世,先生哀慕犹子焉。自除师祖母服后,杖履优游手不释卷,日以数教孙为业。岁庚午四日,而先生竟长往矣,其玉台作序耶?其修文地下耶,簿亲哭尊,同里哀痛,随罢灯节,而当道闻者亦莫不为之流涕。呜呼痛哉! 先生距生于乾隆戊午十月初七日,享寿七十有三。师母许氏系出东邑昭仁总宪许达道公元孙雍园公之女也,淑慎温恭阃范贻征,后先生一年生,后先生二年卒,享年七十又四。世兄弟三人,长开显饮宾,次开印,幼开相补子弟员,世姊妹二,长适东邑邑庠生王耿光,幼适本邑倍磊直隶州同陈舜寿,世侄九人,长元奎,已入邑庠,世孙二人,一门绳绳衣冠不替,此又先生德泽所留遗者远也。抑簿有悔焉,先生待簿厚望深,簿未得寸进以报先生,至与世兄弟徒伤梁木之坏也,谓之何哉,爰谨述其不诬以货之秉文笔者。

清嘉庆二十三年戊寅十月

受业廪生冯簿拜述

邑庠生蔚文公传

先生名朱兆豹,字蔚文,庠名兆忠,予之同年友也。世居野墅,去余居数十里而遥,要其立心行已与夫生平之所身历者,余皆得以悉焉。忆昔乾隆丁未戊申间,邑尊黄公童试,先生居第五,余亦忝在前茅,郡试张府尊余名第三,先生第一。大宗师来临郡,余与先生先后拔取游庠,李宗师科试余名优等第一,先生第二,先生与余为年友非仅以其游庠同一座师也。双溪贡元陈守拙翁即州司马锡先兄之祖,聘请先生讲学十八载,余亦聘请于荣府州司马陈凤池兄家,不一其年。是先生与余试辄连名居多,同处训读之暇互相过从,余以文就正先生,必为获隽之技焉,且不止此,嘉庆丙寅丁卯岁,乔溪附贡生冯际飞前辈,余友岁进士名簿字仲吹之父也,敦请先生陶成其子弟,余亦为乔溪冯达斋诸绅士辈所延,又与先生同处矣。其时以文就正,如在双溪者。先生极口赞叹,谓飞腾在即,余果于嘉庆癸酉科叨领乡荐,是知余者先生,知先生者莫余若也。道光年间,其族修辑家乘,先生之懿行可无见诸谱牒乎。余因得以所知者详言之。先生曾祖名尔瑞公,财富甲于一乡,廪善生讳永法,字宪章,老先生是其祖也,经师人师两无遗议,至今称道勿衰。厥考大人士集公七龄失怙,因之不能绍接书香,而家务是任矣。先生以乾隆丁丑岁诞生,自幼端正异常儿,长入书塾,授句辄能成诵,弱冠通经史,平居抄书盈尺,日诵万言,焚膏继晷,逐字推译,凡有尤宜注意者,细加丹铅,虽挥汗呵冰弗掇也。行文不拘一格期在题。其设教弟子也,循循善诱,施各因材,故出其门者黉序莪声,指不胜屈。居家以孝悌为先,处事以谦和为贵,尊祖敬宗,恤怜和族,种种善状其类欤。德配东邑洪川庠生郭承龙之孙女也,平生訾笑不苟,勤俭持家,事姑尤谨。举丈夫子二,长开维,次开纶,孙三,长元宠,次元宅,皆开维之子也,元煜,开纶之子也。女一,适金邑中畴庠生孙步青。夫先生为余之年友,回忆从前所与交游而相为谈心者,犹如昨日。今乃行年八旬余矣,康强逢吉,夫妇齐眉,晚景之丰隆,昭昭在目,讵不足为先生忻喜也哉。余故因曩时之所悉,今日之所知,约略其事而为之传。

清道光丙申年桂月之吉

癸酉科举人拣选知县年眷弟凤川方之舟拜撰

朱开印先生传

先生讳开印,庠名开鉴,字文潭,廪善生朝阳公之孙,乾隆辛卯举人敬堂公之子也,昆季三先生居次。先生生而颖异,为祖父所钟爱,弱冠游邑庠,每试辄列优等,潜心力学,克绍书香,事祖母以孝闻,凡敬堂公所欲致之于亲者,先生加意体恤。兄病笃多方请医,且祷天而求以身代,年余获痊,皆先生力也。丁未庚申侍父赴都,为卢公炳涛、童公起诸乡先辈所器重,又与潘公名国诏者尤相契合,依依有相见恨晚之意。尝谓先生曰,以君之德若才,倘获大展,于时当必有裨于世。因劝其援例受职,且代为措资。先生以父年老力辞不就而旋里。敬堂公与妣氏许太孺人相继逝世,先生哀毁尽礼,以宅兆未营停柩于屋东别室,朝夕设奠灵前,夜卧柩侧三四年,虽宗朋相邀弗出也。及窀穸既妥始归家焉。每语家人曰,某待先生灵前时,每食如见甘旨亲尝,眼甫合辄梦先人端坐论古谈今,历历如在目前。赏欲著梦记以志异,恐涉于幻渺不果,此某生平大缺恨事也。其孝思如此,尤重宗营宗庙修谱系鸠众倡行,不辞劳瘁,能使十八派之人心萃于一堂,数十传之世系联于一体,人人有祖德宗功水源木本之思焉,而龙溪之仅属一派者无论矣,非孝敬性成而能若是乎。居恒言笑不苟,处事有才干,与人处温温终日如坐春风中,里党咸爱敬之。里有不平辄就直得片言立解,即素行不端者,亦罔不以见先生为羞。故族无公廷之扰者数十年,何德之隆也。且夫其事亲之孝也,诚无忝所生者也;其友爱兄弟也,无异灼艾分痛大被同眠也;其见重于名公巨卿也,矫矫乎丰城之剑,必邀知於雷张中林之薰定见赏于潘韩也;其营祠修谱也,是根本追远敬宗收族之情也;其乡之赖以少讼者,又古人所谓薰其德而善良者也。呜呼,如先生者可以风矣,他若家法一遵温公,对子侄不议人长短,惟谆谆以读书循分相勖,处财帛不计多寡,兄弟析产让肥取硗,遇亲邻贫苦者周恤之,是犹不足以尽先生也。燧先君师事敬堂公,与先生同笔砚,笃世谊,时为予称道其为人,后燧又赏亲灸先生之道范,因愈悉其生平。会修家乘哲嗣,景玉世兄以传见,属愧不能文而谊不获辞,遂忘固陋僭杨麻美焉。先生生于乾隆乙丑年十月廿六日,卒于道光庚子年六月十七日,享年七十又二。

清咸丰二年岁次孟冬吉旦

拣选知县候补教谕世遇姪冯燧顿首拜撰

朱璧斋先生传

璧斋先生名增奎,字联辉,璧斋是其号也,先生是吾乡之先正,少时治举子帖,括业即有声黉序间。顾性独恬,退居经课徒自给。余自聪角以至及冠,赏从受业至今,稍有成就,以先生导源之力居多。余自年长裹粮求学,北至幽燕,东渡扶桑,访求新学名宿,与论究平治天下之道,反证吾国经传多有出入之处。朔甲午庚子以前,我国懵于世界趋势,龙然自大,及与列强强遇情现势绌,知非人材无从立国,始毅然废科举,通令天下,遍设学校,以造就世用之材。而天下人士犹有迟疑观望者,先生闻今下,即率族人筹集经费,筹建小学,其管理教授虽兼役,初不以为瘁也。海通以来,鸦片流注内地,国家以法令禁遏之,卒不奏效,嗜之者如水赴壑。驯至穷陬僻邑无饼饵醢盐之肆业售鸦片者,不至于乏吾族,萃户逾百计口逾千始终不罹鸦片毒者,赖有先生力遏其流也。人情于非切己之害,虽显知其为患,每不愿竭全力以拯之,至其事关于国家民瘼,造端宏大,因果之表显至微,非耳目所得接触,财往往坚拒固闭,竭全神以控于其始,在新旧脱蝉时代为尤盛。先生独拒其所应拒,而迎其所应迎,其不可及者,固在此其应得寿者,亦即在此先生上承祖父盛德,益能振起家声。其平时不苟言笑,不动声色,人罔勿敬重之。是以一族咸尊奉先生公正廉明,可托重任,凡祠谱诸事,皆推举先生为经纪之领袖。因而日积月累,资产日增,不致为人所中饱,爰拨盈余兼为劝募,以之构祠宇川堂,建锄经书院,并置郡中龙溪试馆,以及积谷之仓厫,敦和之祖寝,独立经营不辞劳瘁,其事业之足录有如是然此犹小焉者也,村民有鼠雀之争,先生善为劝介,不至诉讼公廷。四十余年来,地方宁谧,里俗敦庞,皆先生维持之力也。曾论所谓惟孝友于兄弟,施于有政是亦为政,其殆无愧欤。先生优放品,复优于学,设教乡塾,弟子四方辐辏庠舍几不能容。遐迩诸大家争欲聘先生为四席,以故门弟子仕而服官者,迄今亦最占多数,故其独善其身而静以待时者亦复不少。孟子赏言,分人以财谓之善,教人以善谓之忠,以先生教育之功,比诸乐善好施而惠仅及于偏隅者,孰长孰短,世必有能辩之者矣。厥后众望益孚,赤岸区之社会公推先生为警董,不数年旋以票选任稠南地方自治之总董,至有所建白均有俾于国计民生,迥非空文塞责者所可拟。本亲亲之谊而恩周于族,是其功之在宗党者,有济济之英而善及于人,是其功之在于学界者,处处新旧递嬗之际,凡他人所不能措手者,先生独出而斡旋之,是其功之在于远近社会者,吁如先生所树立,求之晚近曾有几人哉。民国辛酉,恰值重修宗谱,族中咸以先生之功德彪炳呈光家乘,献文承命而述先生功绩,先生实为百世之师也。

中华民国十年岁次辛酉林钟月下浣

受业族侄献文谨撰

朱献文先生传

朱献文先生,字郁堂,族名昌煌,本村恭房人,生于清同治十一年(1872)。其父名增绣,虽是一个普通农民,但秉性严正,重孝严教,对父母

柔声怡色,每晚都要侍奉父母先寝,后再已
睡。对子女教育甚严,每岁新春贺岁毕,即督
促子女温读,不准子女混入群儿中嬉戏。因
此献文先生在严父督教下,从小就养成敬老
爱读之优良品质。入学后,又在教师璧斋先
生督导下,更加勤学苦读,学习不辍,学业猛
进。光绪二十三年(1897),先生二十五岁,即
得中丁酉科拔贡,为士林所重。其后入省府
求是书院,再至京师大学堂深造。毕业后,东
渡日本,入京都帝国大学堂攻读法政专业,得
法学学士学位。毕业后回国,入法学编修馆
修订《大清律例》民法"亲属篇"。光绪三十四

朱献文像

年戊申(1908)考中法政科进士。宣统元年(1909)授翰林院检讨加四级,
宣统三年(1911)为资政院议员。

民国元年(1912),先生由国务院法制局参事转任大理院推事。民国
三年(1914),中央锐制法治,推广各省司法机构的建立和健全,先生被委
派为江西省高等审判厅厅长,在任四年,增设高等审判厅于赣州,首创全
国承审员制度,嗣后各地均次第推行。民国七年(1918),先生以成绩卓著
被调至京师高等审判厅厅长。在任三年,先生大力建设法庭,革除旧习,
治绩称最。民国十年(1921)调任江苏高等审判厅厅长。民国十六年
(1927),先生因连年军阀混战,推行法治屡屡受阻,乃挂冠归里,以示
抗议。

民国十九年(1930),南京国民政府委任先生为司法院高级参事,并颁
给先生嘉禾大授嘉禾宝光勋章。未几又受命司法专员,视察山东、山西、
河北、绥远等省。后因弹劾郑毓秀事与司法院长王宠惠意见相左而辞职。

民国二十六年(1937)抗日战争初起,先生再次出任司法行政部顾问。
在烽火丛中视察江西、福建、浙江三省司法工作及监狱制度。嗣后隐居义
乌塔山庙中,精心撰写视察报告,提出七十余条有关审判、监狱制度等方
面改进意见,法制部均次第采纳施行。

民国二十六年(1937),黄绍竑再次主政浙江,次年便亲来义乌先生家中,邀请先生出任浙江临时参议会议员,不久就接替陈圮圻担任议长。是时先生已六十多岁,以垂老之年主持浙江议坛,为浙江抗战出谋划策,为全省民生筹划生计,造福桑梓至抗战胜利。先生年事已高,渐感力不从心,目睹国事日非,内战迫近,自恨爱国有心,救国乏力,遂于省议会改选之时,辞职还乡。然其爱国爱民之心,未尝一日忘却,以其在野之身,退而关心地方公益事业,担任了《义乌民报》名誉社长之职。时时提请该报要"多讲人民所要讲的话",多刊"人民喜闻乐见"之文章。先生殷殷爱国爱民之心可见一斑。

先生出身科举但支持民主革命,光绪三十三年(1907),秋瑾曾至义乌联络会员,筹备武装起义,得到县人陈棍、朱献文、童心恽、吴林谦等人的支持。据《光复党人录》记载,以上四人均为光复会会员。

先生为国服务,为人处世以慎、清、勤三字自勉,秉公执法,不枉不纵,不阿权贵,刚正之气凛然,俭朴上尚,尝谓"不奢不啬,节之以礼",金钱交往,来去分明,以正道取之,向正当之道用之。心地光明,未尝贪污一分一毫公家财物。

先生为国为民极尽贡献自己力量的同时,也十分关心族中事务。光绪末年,朝廷锐意废除科举弊端,兴办学堂以培养新型人才,此时大家都在观望此举能否实行的时候,先生大力支持其老师璧斋先生筹集经费,选择宅基,建立起"龙溪小学",学校有教室两大间,二亩左右面积大操场,有一至四年级学生近百人,为义乌创办最早的小学之一。

鸦片战争失败后,自清末至民国,毒品为害,泛滥全国,上至达官贵人,下至穷乡陋巷,痞棍黎庶,嗜鸦片者比比皆是,"一枪在手,万事俱消",祸害之烈,几乎倾家荡产,直可亡国灭种。二三十年代,本村经璧斋先生极力禁绝的鸦片,因璧斋先生逝世又死灰复燃,受其毒害者有十余人。先生为挽救这些人,乃集此辈于祠堂,晓以毒品害国害民之理,苦口婆心劝其戒绝,一切戒毒药物及其日常费用,皆由先生承担,终于使这十数人得到挽救,此先生一大功德也。

本村是一个大家族,人口近两千,大部分家庭靠自己辛苦劳动,生活能过得顺畅,但有少数鳏寡孤独贫苦无依者,生活十分困难。民国二十四年(1935),先生为救济这部分人,捐资白洋 100 元,又以成都、成京、成畿三个儿子名义捐资 60 元,再动员子元、成余、成忠、成云、荣贵、昌璧、昌鼎、成復等十七人捐白银 275 元,共集资 510 元,以此为基础成立了"龙溪朱氏同善会",把每年息金收入平均赈给上述人员,使这部分人员生活得到基本保障。

民国十一年(1922),本村洪水为患,冲决村前大段溪堤,良田淹没众多,村民损失惨重。先生极为关心此次灾害,为帮助受灾村民渡过难关,早日恢复生产,先生慨然解囊资助,利用民力及时修复溪堤,植树护堤,并救济重灾农户,以善其后。凡有益于乡里慈善事业,如修桥铺路,建亭修祠,先生都乐于慷慨解囊。

先生十分重视本村青少年思想教育,每次返乡都要到村小学视察一番。通过老师了解学生学业情况,还亲自编写守信、礼教、重孝等内容的教材,作课外读物发给每个学生,由老师辅导阅读,以提高学生对守信重孝的认识。

先生中年即戒绝烟酒,皈依印光法师,探迹玄门,吃素念经,昌善护生,并为本族宗谱题词"先勉尽人道,孝悌忠信,礼义廉耻,仁诚忠恕,勤俭谦和,继勤求佛道,信愿念佛,期生极乐。上求佛道,下化众生",以此为族训。塔山浮屠修复,为之主祭,先生以此言行来促进同族同胞向善、亲和,促进全社会和平与和谐,这对今天来说也是适用的。

先生一生生活勤俭节约,从不穿华丽衣服,从不吃山珍海味,不搞宴请,不吸烟,不喝酒,每日粗菜淡饭。子女婚嫁,也只设一二席普通酒水,招待至亲而已。先生对人和气真诚,不摆官架子,每遇族中同胞,都要询问生产生活情况。先生每坐轿返乡,离村里许即下轿步行入村,以示对族亲的尊敬。

先生为国辛劳,精力日衰,年老多病,于 1949 年 4 月病逝于金华家中,终年七十七岁,归葬于义乌赤岸掛纲山,七十年代后期移葬本村朝阳庵木鱼山上。

族弟朱庶及族侄朱先新敬撰

公元 2014 年 8 月

朱成学同志传

朱成学,本村庆房人,父亲朱昌吉在兰溪经营钱庄,积聚了一定的家产,算得上是个殷实之家。朱成学于 1920 年出生于兰溪,共有兄弟姊妹 8 人,男女各 4 人,朱成学是男丁中最小的一个。朱成学从小聪明伶俐,他在兰溪读了 6 年私塾,2 年高小,于 1936 年考入金华中学。由于他学习基础好,活动能力强,不久便当选为金华中学学生自治会理事兼学习股长,负责编辑《金华中学生》刊物,并在全校的作文、演讲比赛中多次获奖。6 年的中学生活,培养了他的自尊和自信,提高了与人沟通的能力。

朱成学像

1941 年,朱成学家飞来横祸:兰溪家里房屋、店铺相继被日机炸毁,父亲病重,只好全家迁回本村居住,父亲不久就离开了人世。这使他加深了对日本侵略者的仇恨。他把希望寄托于远在西南的大后方。这时他得知中央大学在温州招生,便前往投考,结果顺利被录取,于 1943 年入读重庆中央大学法律系。到重庆后,朱成学发现前方战事正紧,而后方官员还在骄奢淫逸、钩心斗角,他开始不满现实,经常阅读《新华日报》等刊物,还结识了地下党员罗炳权等人,一些先进思想开始萌芽,但还不能跳出"正统思想"的框框。1944 年 8、9 月间,湘桂战争爆发,桂林至贵州独山一带相继沦陷,重庆危急,此时国民政府提出"十万学生十万军"的口号,号召爱国学生投笔从戎,参军报国。朱成学也怀着为国捐躯的壮志,报名参加了由蒋经国担任主任的青年军政人员训练班,后被分配至青年军二〇六师政治部,当了一年的少校科员。

1945 年 8 月日本宣布无条件投降,抗日战争结束,朱成学办了回校复学的手续。

1947 年南京筹备纪念五四运动,朱成学作为中大代表被推选为南京市各大专院校学生联席会议召集人。这为他领导震动全国的"五二○"爱国学生运动和其后的多次斗争提供了基本条件。

1947 年"五二○"运动起初只是中大学生要求增加伙食费,对此共产党支持学生的合理要求,并把运动引向反饥饿反内战轨道上去。朱成学在整个运动中起到了组织领导作用。在学生联席会准备"五二○"大游行前,蒋经国突然约见了朱成学,要他不要搞什么运动,并说如果再闹下去不会有好结果等威胁的话,但朱成学并未因蒋经国的恐吓威胁而退缩,继续组织广大学生进行"五二○"大游行,并达到了预期目的。

朱成学经过"五二○"运动与国民党刀兵相接的严峻考验后,于 1947年 7 月被批准加入中国共产党,担任中大共产党的支部书记。由于叛徒出卖,朱成学被国民党逮捕入狱,被判 12 年徒刑,后经党组织多方营救,才于 1949 年 4 月离南京解放前 10 天获得释放。

南京解放后,朱成学先后担任南京第四中学教导主任,同年 7 月南京市正式成立青年团南京市委,朱成学任团市委统战部长,高校团工委书记、秘书长兼南京民主青年联合会副主席等职,并由华东团工委书记李昌推荐随中国青年代表团吴学谦团长出访印度尼西亚。

1955 年全国开展肃反运动,朱成学因参加过青年军,解放前又坐过牢,有人检举他有"中统"嫌疑,受到严格审查,直至降职任用,最终被调离团市委,到市委宣传部下属的讲师团任副团长。

勤于学习,善于思考又秉性刚直的朱成学,时常发表自己一些见解,一些现在看来十分正确的言论,在当时那些一味盲从的人看来都是大逆不道的,划个"右派"绰绰有余。幸亏当时的中共南京市委和市委宣传部负责人比较了解他,认为他不是有意攻击党,而是"世界观有问题",因而没有把他划成"右派"。经过一番重点批判后,于 1957 年 7 月被下放到鼓楼区委宣传部担任宣传部长,半年以后,又下放到南京第八中学任党支部书记。

不久,全国开展"大跃进"群众运动。"大跃进"的内容之一,是开展群众性大炼钢铁。上级给学校也分配了生产指标,要求学校停课炼钢。朱成学认为学校应以教学为中心,怎么能停课炼钢,因此他反对学生停课和硬压炼钢指标。很快,他的言论被当作抵制"大跃进"、抵制大炼钢铁的典型,连续在全区中学支部书记、校长会议上受到严厉批判,并被撤销职务,降一级工资。

1966年"文化大革命"开始,朱成学被当作"三反分子"(反党、反社会主义、反毛泽东思想)横遭批斗,因解放前曾被捕入狱,被诬为"叛徒",其后又因他有不少对历次政治运动,特别是对"文革"的批评言论,被打成"现行反革命分子",成了南京市干部中的重犯要犯,挨了无数次残酷批斗,被罚以最脏最重最苦的体力劳动,身心受到严重摧残。

十年浩劫的悲惨岁月终于过去了,中国大地又呈现出光明的前景。中共南京市委从1978年1月开始为朱成学平反,落实政策。1980年4月17日,南京市委根据朱成学的申诉和组织部的复查报告,做出复查决定,认定朱成学的所谓"反党言行","绝大多数是正确的,1972年据此给予党纪处分是不应该的",对于所谓的"变节"行为,也一并予以否定。自此,朱成学被埋没多年以后,重新开始受到信任。从1978年至1979年5月一年多的时间里,他三易其职,从《南京日报》副总编辑到南京市广播事业局负责人,最后调回市委宣传部任副部长。

此时的朱成学,经过多年的折腾和摧残,已经身患多种疾病,尤其是他的心脏病和高血压时常发作。与他羸弱的身体状况恰恰相反,由于多年受压得以翻身,从恢复工作开始,他的精神就一直处于十分亢奋状态。有病不肯住院,有名额也不愿去中央党校学习,恨不能一天把十年动乱损失的时间夺回来,忘我地奋斗在工作岗位上。

但老牛苦耕,残烛长燃,毕竟难以持久,1982年2月15日下午,朱成学在南京教师进修学院做完宣讲报告,匆匆吃过晚饭,又连夜埋头撰写第二天上午去南京航空学院宣讲报告的提纲。16日清晨他正准备出发时,突发心肌梗死,溘然离开了人世,享年还不足62周岁。

族弟朱先新敬撰

公元2014年10月

本文根据2000年8月号《名人传记(不畏暴残不随风)》一文节撰

二、历代受封、旌表人名录

朱廷贵　诰封荣禄大夫　因曾孙荣贵荣登左都督管陕西神道岭营游击事于清康熙二十三年受封赠

张　氏　诰赠一品夫人　同上

朱九霖　诰赠荣禄大夫　因孙荣贵荣登左都督管陕西神道岭营游击事于清康熙二十三年受封赠

郭　氏　诰赠一品夫人　同上

朱希尧　诰赠光禄大夫　因子荣贵荣登左都督管陕西神道岭营游击事于清康熙二十三年受封赠

裘　氏　诰赠一品夫人　同上

许　氏（朱兆般妻）　因节孝于清嘉庆十六年恩准建牌坊于园里塘南

许　氏（朱士勇妻）　因年过九秩五世同堂于清道光五年恩旨建"五世同堂"直匾于祠宇

王　氏（朱兆春妻）　因节孝于清道光五年旨准建牌坊于大宗祠前

郭　氏（朱元祥妻）　因节烈于清同治三年恩准建节烈坊匾

朱开拔　貤赠通议大夫　因曾孙朱献文荣获翰林检讨加四级于清宣统元年受封赠

许　氏　貤赠淑人　同上

朱元约　诰赠通议大夫　因孙朱献文荣获翰林检讨加四级于清宣统元年受封赠

马　氏　赠封淑人　同上

朱增绣　诰赠通议大夫　因子朱献文荣获翰林检讨加四级于清宣统元年受封赠

冯　氏　诰封淑人　同上

三、旧仕宦绅衿人名录

朱国威　明崇祯年间任指挥金事宣府右卫游击

朱世忠　清康熙年间任督标千总

朱兆盛　由邑廪生中式乾隆辛卯科举人截取知县

朱兆俊　清乾嘉年间任直隶州司马

朱元巍　清道光年间任直隶州州同

朱增湧　清光绪年间任布政司理问

朱增涟　清宣统三年(1911)毕业于义乌县自治研究所,曾任义乌稠南镇自治会议员,江西赣州高审分厅书记官,泰和县财政科科员,弋阳县办理新税委港口警察派出所巡官等职

朱增塾　清邑庠生,民国元年(1912)毕业于全浙高等巡官学校,曾任海葭镇、临海、永康、江西、九江、宁波、龙游、嵊县、福建浦城等地警察分署长、书记官、科员、秘书等职

朱增炳　浙江监狱专门学校毕业,曾任浙江杭县地方法院、浙江高等审判厅书记官、淳安县监狱员、江苏南通看守所所长等职

朱昌金　邑庠生,初级师范简易科毕业,宣统元年(1909)任金华中学堂监学,民国三年(1914)任义乌学务委员

朱昌辉　浙江高等巡警学校毕业,曾任临海、铅山、广昌、横峰、乐安、诸暨等县警官、所长、警佐等职

朱昌荣　清邑庠生,历任义乌县议会议长,佛堂镇商团团长,保卫团团总,商会会长等职

朱昌谋　北京国立法政专门学校毕业,曾任江西财政厅办事员,江苏、上海等地方审判厅书记

朱昌儒　浙江金华道体育学校毕业,曾任江苏淮阴县警察所巡官

朱昌斌　浙江第九中学毕业,曾任宁海县法院书记,诸暨草塔镇、金华西紫岩警佐

朱昌绍　江西预章法政专门学校、南京中华监狱专门学校毕业,曾任东三省特区地方法院、江苏高等法院第二分院主任书记官等职

朱昌璧　浙江公立法政专门学校毕业,余姚、宁波地方法院检察官

朱荣贵　毕业于浙江公立法政专门学校,历任丹徒、上海、南通、江都、镇江等地方法院检察处书记官、检察官,浙江高等法院庭长等职

朱荣宪　苏州中华体育专门学校毕业,曾任江苏太仓县、吴县、丹徒县等地方审判厅书记官等职

朱昌诚　浙江省警官学校毕业,曾任嘉兴县公安局新塍镇公安分局长,国民政府军委会通讯科科员

朱成端　浙江公立法政专门学校毕业,历任江山、定海、慈溪、永康、遂昌等县法院承审员、书记官等职

朱成復　浙江公立法政专门学校毕业,历任衢县、宁海、黄岩等地方法院推事、院长等职

朱成都　北京中国大学毕业,曾任商务印书馆编辑,浙江图书馆古籍部馆员

朱成棋　中央陆军军官学校毕业,曾任陆军通讯兵团教导大队上尉教官

朱成时　上海法政学院毕业,曾任杭县地方法院,余杭、昌化司法处书记官、审判官、主任审判官,衢州地方法院推事等职

朱成柽　浙江省警官学校毕业,历任丽水、金华等县警察局长

朱成京　北京中国大学法律系毕业,曾任金华县地方法院检察官等职

四、历次战争阵亡人名录

朱汉功　时为本村团防队员,清同治元年(1862)七月初二随团赴田心村与太平军作战牺牲,时年四十四岁

朱开江　时为本村团防队员,清同治元年(1862)七月初二随团赴田心村与太平军作战牺牲,时年四十六岁

朱元勋　时为本村团防队员,清同治元年(1862)七月初二随团赴田心村与太平军作战牺牲,时年二十二岁

朱增四　时为本村团防队员,清同治元年(1862)七月初二随团赴田

心村与太平军作战牺牲,时年二十九岁

朱子成　志愿军旅级干部,在朝鲜战争中牺牲,国家授予烈士称号

朱顺银　志愿军战士,在朝鲜战争中牺牲,国家授予烈士称号

朱顺椿　本村自卫队员,1950 年 4 月与土匪斗争时牺牲,义乌县政府授予烈士称号

五、解放后本村籍在外工作人员名录

朱成通　又名朱通,研究员,曾任《红旗》杂志编辑部评论员、编辑,中宣部研究室副主任、主任,中宣部高级职称评审委员会委员等职,曾参加 1980—1982 年十二大党章修改工作小组,为十二大撰写党章教材,注译《建国以来党的若干历史问题的决议》;1987 年参与中央写作组以及由宋平主持为起草"十三大"文件提供意见的建党研究小组;1989 年冬至 1990 年 9 月,参与中央关于苏联、东欧剧变情况追踪领导小组,负责组建工作班子,向中央及有关部门编发简报及专题分析资料,得到中宣部和有关部门的肯定。离休后,被聘任为中国社科院当代中国研究所特邀研究员,参与《中华人民共和国史》的编撰研究工作。

朱顺佐　1959 年毕业于原杭州大学历史系,1962 年毕业于中国人民大学中共党史研究生班。历任原杭州大学历史系教师、研究员,浙江省哲学社会科学学科评审组成员,中国商业史学会常务理事。先后担任中共绍兴市委党史党建学会会长和名誉会长,1982 年担任绍兴市第四届人大代表,浙江省党代会代表。朱顺佐著作有:《邵力子传》《胡愈之传》(与金普森教授合著)。传记文学类有《邵力子》《胡愈之》《俞秀松》,以及《光复会群体思想研究》《江南人物研究——绍兴东浦》《绍兴贤人志》等。其他论著有《中共党史教学问题》、《学习〈关于建国以来党的若干历史问题的决议〉问题解答》、《周恩来与故乡绍兴》(与杜世嘉高级经济师合著)、《江南人才名镇——绍兴陶堰》(与张能耿先生合著)等 100 余种。还有 70 余篇学习论文发表在国内各种报刊上,其中 10 多篇被中国人民大学报刊资料复印本全文转载。他的著作、论文、课题共获得国家,省,市一、二、三等奖 17 项,多次获得优秀和先进工作者称号。

朱成剑　英国伦敦大学公共卫生硕士生毕业,医学博士,1969年8月,举家从中国台湾迁移到加拿大定居。曾先后在中国台湾、加拿大安省的胸腔病防治所任医生。

朱成畿　又名中孚,1944年毕业于暨南大学商学院会计银行系,曾任浙江省银行、浙江兴业银行、公私合营银行储蓄部主任。

朱顺苏　又名心良,毕业于原浙江医科大学,1980年毕业于同济大学医科研究生,医学博士。1984年移居美国,从事蛇毒血清研究。

朱成馁　曾是上海关勒铭金笔厂工人,后为中国人民解放军空军南京教导队学员,沈阳空军机务学校学员,空军第二航空学校学员,任民航北方管理运输飞行大队副驾驶、正驾驶。后任民航第一飞行总队大队副分队长,民航北方管理局训练飞行大队训练参谋,民航北京管理局东管处助理员,民航培训中心模拟机教员等职。

朱成宝　局级巡视员,历任义乌剡溪、赤岸、东朱、塔山等乡副乡长、乡长、副书记、书记等职。

朱成明　又名法铭,大学学历,任金华市婺城区汤溪乡乡长,曾获三等功1次,获评金华军分区优秀人武部长4次,受军委总参谋部、南京军区、浙江省军区、金华军分区表彰各1次,国防部在全国全军登报表彰1次。

朱成材　经济师,曾任杭州市农垦局副局长,杭州市农业局副局长,杭州天龙实业公司总经理等职。

朱子华　1951年毕业于原上海财经学院,高级会计师。曾任杭州船校财务科、审计科负责人,浙江省国防科技工业会计学会常务副会长等职。

朱先新　1961年毕业于武汉大学图书馆学系函授班,副研究馆员。曾任杭州图书馆负责人,古籍部主任等职。

朱建林　1986年毕业于原杭州大学经济系,教授级高级会计师,现为浙江正信永浩联合会计师事务所所长。

朱永平　1986年毕业于原杭州商学院企管系,副教授,现为浙江工商大学外国语学院党委书记兼副院长。

朱献荣　1985年毕业于原浙江水产学院海洋系,硕士研究生,高级经济师,现为浙江中大技术进出口集团有限公司总经理。

朱大荣　1993年毕业于原浙江医科大学生物医学工程系,高级工程师,现为杭州市第一人民医院放射科副主任。

朱　强　1987年毕业于原浙江医科大学,现为杭州市第一人民医院神经外科主任医师。

朱友成　本科学历,曾任义乌苏溪米厂厂长,义乌粮食复制品厂厂长,义乌啤酒厂厂长,义乌市纪委监察局副局长、常委、局长、副书记,义乌市政协副主席等职。

朱成宅　1944年毕业于厦门大学银行系。先后在江西盐务局、浙江交通处、暨南大学及中国农业银行任职。解放后任中国人民银行上海分行第一营业部信贷科科长。

朱成业　经济师,历任义乌市粮食局副局长、局长,义乌后宅区副区长,义乌市外贸局副局长等职。

朱智月　曾任义乌佛堂公社人武部长、党委书记、义乌王宅乡书记,佛堂镇副镇长,佛堂区区长,义亭镇书记,义乌农业经济开发区主任。曾当选为义乌市第九届、第十届人大代表,金华市第九届党代会代表。

朱　杰　曾任职于义乌财税局赤岸、佛堂、稠城、朝阳、小商品市场等税务所,现为义乌市地税局稽查处主任科员。

朱国鑫　浙江省委党校大专毕业,研究生,历任义乌县委办公室秘书,义乌市物资局副局长、党组成员,浙江物资股份公司常务副总经理,义乌市物资总公司副总经理、党委委员,《义乌日报》广告部主任等职。

朱顺宪　1984年毕业于原北方交通大学,高级工程师,国家注册监理工程师,现任上海同济大学监理工程师,副总经理。

金荣芝　浙江省公安厅退休。

张美娟　浙江永远控股集团有限公司副总经理。

朱美玉　上海交通大学毕业,曾任教于杭州铁路中学。

朱钦文　原浙江林学院毕业,现为衢州林业局副局长。

朱中文　中国社会学函授大学大专学历,浙江义乌林业开发有限公司董事会监事。

朱竣文　原浙江林学院毕业,现为义乌市财政局局长。

朱顺清　1952 年,义乌简易师范毕业,曾在雅治街青口等小学任教。

朱成巧　原金华师范学校毕业,曾在诸暨、义乌赤岸、雅治街、东朱等小学任教。

朱成权　浙江省委党校函授班毕业。历任义乌东朱、尚阳、王宅、塔山、倍磊、佛堂等乡镇党委委员,副书记,人武部长,副镇长等职,现为稠城通惠街道党委书记。

朱献忠　省委党校大专毕业,现供职于义乌市电信局。

朱东昇　浙江工商大学毕业,2013 年浙江大学研究生毕业。

朱关中　上海华东师范大学毕业,曾任职于上海市第二汽车公司,上海金钟服饰有限公司,上海爱艺装潢工程有限公司。

朱智富　1988 年毕业于杭州电子科技大学,曾任义乌市财税局副局长、义乌海关副关长。

朱智慧　1979 年毕业于安徽师范大学,中教一级教师。

朱樟兴　东阳市技术学校毕业,土木施工工程师,国家注册一级建造师。

朱法铭　中国地质大学函授学院毕业,曾任金华市婺城区汤溪乡乡长。

朱成智　原上海中国人民解放军拖拉机修理学校毕业,高级工程师,技师。

朱晓红　金华教育学院中文系毕业,2002 年原浙江教育学院汉语言文学本科毕业,曾任教于东朱乡、赤岸乡初中。被评为义乌市、金华市优秀班主任 1 次。

朱智恒　1985 年毕业于中国人民解放军总参西安通信学院程控专业,工程师,曾任浙江省邮局林泉山庄有限公司副总经理。

朱成文　浙江大学毕业,中学特级教师,教务主任,曾多次连任云和县政协委员,丽水市党代表,并被评为丽水市劳动模范。

朱敬洪　1994 年毕业于浙江工业大学应用化学系,工程师,现在杭州手表有限公司担任车间主任。

朱顺学 1949年毕业于金华英士大学,先后在杭州市公安局工作和西湖区上泗中学任教。

朱雪荣 1998年复旦大学研究生毕业,1999年留学新加坡国立大学,博士学位,现为芬美意公司中国研究中心经理。

朱松庆 原杭州大学毕业,曾任教于义乌矿机厂、义乌城镇职校等。

朱 尧 2005年毕业于西南交通大学,学士学位,现就职于中修地产股份有限公司。

朱 健 2006年毕业于浙江大学,学士学位。

朱 剑 2001年毕业于原浙江经济管理学院,现在义乌银行任经理。

朱文敏 浙江大学毕业,硕士学位,现为杭州位移科技有限公司创办人之一。

朱向荣 浙江理工大学毕业,现就职于天平汽车保险有限公司。

朱向斌 2001年毕业于中国科技大学,双学士学位,高级工程师。

朱敬鑫 2001年毕业于浙江工业大学,工程硕士,高级工程师,现为浙江龙盛集团公司部门经理、项目经理。

朱倩倩 2007年毕业于金华师范学院,现任教于义乌倍磊小学。

朱 宁 中专学历,现任新疆维吾尔自治区哈密地区水管处书记。

朱小亮 原义乌师范学院毕业,现任义乌市宾王小学校长。

朱孝平 毕业于浙江师范大学数学系,浙大博士研究生,浙江省特级教师,现为金华市教育局教研室副主任,兼任浙江省人民政府督学,金华市政协常委等职。

朱智时 大学学历,现为德清县科委主任。

朱铁丹 中专学历,现为新疆克拉玛依供电局书记。

朱渤战 大学学历,现为新疆尼勒克税务局局长。

朱和丹 大学学历,现为新疆奎屯县委书记。

朱永战 大学学历,现为新疆奎屯县政府科长。

朱顺学 大学学历,中学高级教师,现为杭州中学教师,曾2次荣获杭州市先进工作者。

朱成渊　原海军炮兵学校毕业,现服役于海军某部副连长,曾荣获三等功 1 次。

朱雄伟　2004 年毕业于第二军医大学,临床型外科学博士,现为北京武警医院副主任医师。曾获中国人民解放军科技进步二等奖 1 项,发表论文 50 余篇,参编专著 6 部。

朱顺德　大学学历,工程师。

朱顺煌　湖南大学毕业,经济师。

朱英红　2003 年毕业于浙江大学化学系,博士研究生,副教授,现任浙江工业大学化工学院应用化学学科副主任。

朱金蓉　2008 年浙江金融学院金融系毕业,现为中国工商银行杭州支行羊坝头营业部部门经理。

朱关潭　大学学历,中学一级教师。

朱祖耀　大学学历。

朱精南　清华大学研究生毕业。

朱衞民　大学学历,工程师。

朱杰文　杭州电子科技大学毕业。

朱成钢　博士学历。

朱成亢　大学学历,高级工程师。

朱晓科　大学学历,工程学士,计算机学士,工程师。

朱孝武　大学学历,工程师。

朱　侃　硕士学历,高级工程师。

朱　山　硕士学历,现移居美国德州。

朱良平　天津南开大学硕士学历,就职于北京中国建设银行总行。

朱　成　大学学历,高级工程师。

朱渊源　大学学历,工程师。

朱丽生　上海铁路局南星桥站工会副主席。

朱丽华　水电部第十二工程局技术员。

朱丽明　大学学历,中国电信杭州公司桐庐分公司工程师。

朱丽泽　大学学历,浙江省机关事务管理局副巡视员。

朱丽建　大学学历,中国电信杭州公司线路传输局财务科科长。

朱　昂　美国微策略软件(杭州)有限公司IT主管。

朱佳薇　新加坡凯德集团杭州公司行政主任。

朱见玫　浙江横店集团杭州投资公司财务主管。

朱　晔　上海浦东发展银行杭州分行文晖支行个人银行部负责人。

朱　晨　中国移动通信集团杭州拱墅分公司拱城支局局长。

朱智匡　大学学历,正处级。

朱智宏　大学学历,厂长兼副总工程师。

朱智平　大专学历,工程师。

朱海春　留美博士。

朱海兴　博士学历。

朱锦心　大学学历,副主任药师。

朱阳斌　大学学历,高级工程师。

朱成友　大学学历,工程师。

朱明芳　原安徽财贸学院毕业。

朱　骊　2012年毕业于嘉兴学院公共管理系,学士学位,现在义乌市综合行政执法局工作。

朱敏生　原新安江电力学院毕业,现在义乌市供电局工作。

金初晗　浙江万里学院毕业,本科,现在义乌安骏物流公司工作。

朱小波　华北煤炭医学院毕业,本科,现在山东济宁工作。

朱萍萍　浙江金华职业技术学院毕业,专科,现在义乌中心医院工作。

朱　珍　浙江金华职业技术学院毕业,专科,现在义乌工作。

朱建伟　中国科技大学毕业,研究生,现在上海工作。

姚旭飞　北京印刷学院毕业,本科,现在义乌易升盖公司工作。

朱君丽　云南大学毕业,本科,现在义乌商城集团工作。

朱益旭　山东财经大学毕业,本科,现在浙江泰隆银行工作。

朱亚男　天津武警医学院毕业,专科,现在浙江武警总医院工作。

朱健男　杭州电子科技大学毕业,本科,现在义乌平安银行工作。

朱国鸿　金华职业技术学院毕业,现在杭州工作。

朱黎英　浙江工业大学毕业,现在浙江宁波炼化公司工作。

朱俊峰　原浙江财经学院毕业,本科,现在义乌稠商体育发展有限公司工作。

朱坚杰　温州职业技术学院毕业,专科,现在金华工作。

朱婷婷　金华职业技术学院毕业,专科,现在义乌客货运输有限公司工作。

朱丽烨　金华职业技术学院毕业,专科,现在义乌工作。

张志斌　西南交通大学毕业,研究生,现在上海浦东华为公司工作。

朱永华　浙江工商大学毕业,本科,现在义乌苏溪一小任教。

朱丹平　清华大学毕业,本科,现在北京工作。

朱志平　原杭州船舶工业学校毕业,现在义乌工作。

朱康凯　丽水学院毕业,专科,现在义乌工作。

朱晓晴　杭州信息技术工程学院毕业,专科,现在杭州工作。

朱阳阳　义乌工商职业技术学院毕业,专科,现在义乌工作。

朱江骏　浙江经贸职业技术学院毕业,专科,现在义乌工作。

朱　瑶　金华职业技术学院毕业,专科,现在义乌工作。

朱晶艳　浙江工业大学毕业,专科,现在绍兴工作。

朱剑文　浙江工业大学毕业,本科,现在义乌工作。

朱海彬　浙江工商大学毕业,本科,现在义乌出入境检验检疫局工作。

朱依丽　金华职业技术学院毕业,本科,现在金华中心医院工作。

朱方靓　合肥工业大学毕业,本科,现在义乌商城集团工作。

朱方毅　山东工业大学毕业,本科,现在义乌工作。

陆金飞　浙江广厦建设职业技术学院毕业,专科,现在义乌工作。

朱旭青　原温州医学院毕业,本科,现在浙一医院工作。

朱优生　浙江工商大学毕业,本科,现在浙江省工程设计院工作。

朱梅青　湖南长沙专科毕业,现在义乌工作。

熊永青　宁波大学毕业,本科,现在义乌市公安局工作。

朱泽华　海南职业技术学院毕业,专科,现在深圳市通融资产管理公司工作。

朱家伟　美国牛津大学毕业,本科。

朱腾辉　金华教育学院毕业,本科。

郭翔豪　新疆农业大学毕业,本科。

朱俊杰　温州职业技术学院毕业。

朱俊翔　丽水职业技术学院毕业。

朱丽萍　原舟山海洋学院毕业,现在义乌稠州医院工作。

朱秋萍　湖南吉首大学毕业,本科,现在杭州金龙公司工作。

朱金峰　重庆大学毕业,本科,现在杭州香溢房地产公司工作。

朱天翔　武汉大学毕业,本科,现在义乌市卫生局工作。

朱惠惠　湖南师范大学毕业,本科。

朱晨娟　浙江工业大学毕业,本科,现在义乌市邮政管理局工作。

朱乐乐　宁波大红鹰学院毕业,专科,现在赤岸派出所工作。

郭　巍　辽宁大学毕业,本科,现在义乌市审计局工作。

朱保卫　原浙江农业大学毕业,本科,现在义乌市农业局工作。

朱丽娜　浙江纺织服装职业技术学院毕业。

朱优魏　浙江中医药大学毕业,现在义乌苏溪卫生院工作。

钱成远　福州大学毕业,本科,现在福州东南汽车公司工作。

王海荣　浙江师范大学毕业,本科,现在义乌大成中学任教。

朱姗姗　浙江工商大学毕业,本科,现在义乌电信局工作。

朱红艳　原丽水师范学院毕业,本科,现在义乌稠州中学任教。

朱飞宇　湖州职业技术学院毕业,专科,现在义乌商城集团工作。

朱飞明　台州学院毕业,本科,现在义乌建设银行工作。

朱　弟　浙江理工大学毕业,本科,现在义乌本地工作。

朱丽叶　浙江交通职业技术学院毕业,现在上海西马克梅尔工程有限公司工作。

朱飞旺　台州学院毕业,本科,现在义乌建设银行工作。

王　军　中国地质大学毕业,研究生,现在浙江金帆达生化有限公司工作。

朱潘飞　原金华财经学院毕业,本科。

朱淦飞　原金华财经学院毕业,本科。

朱雪萍　浙江师范大学毕业,本科,现在义乌实验小学任教。

朱彦飞　浙江大学毕业,本科,现在宁波市工作。

朱卫良　金华广播电视大学毕业,现为金东区审计局局长。

朱阳兵　中国科技大学毕业,本科,现在义乌本地工作。

朱林华　原浙江师范学院毕业,本科,现在余姚工作。

朱　斌　广东华南大学毕业,研究生,现在义乌银行工作。

朱向丹　浙江师范大学毕业,本科,现在义乌佛堂镇中任教。

朱森钱　浙江师范大学毕业,本科,现在义乌佛堂镇中任教。

朱　颖　浙江师范大学毕业,本科,现在义乌伊甸幼儿园任教。

朱顺根　西南交通大学毕业,本科,现在金华报社工作。

朱胜芳　原东阳县卫生学校毕业,专科,现在义乌佛堂第二医院工作。

朱　倩　原金华师范学院毕业,本科,现在义乌尚阳小学任教。

朱　方　杭州师范大学钱江学院毕业,本科,现在义乌工商职业技术学院工作。

朱步莹　浙江工商大学毕业,本科,现在义乌电力移动公司工作。

朱斌锋　原武汉水利电力大学毕业,本科,现在安徽绩溪抽水蓄能电站工作。

金海燕　浙江工业大学毕业,本科,现在杭州武钢对外贸易有限公司工作。

朱丹花　浙江工业大学毕业,本科,现在义乌华侨雅思工作。

朱剑威　重庆西南大学毕业,本科,现在杭州工作。

朱俊峰　大连海事大学毕业,本科,现在杭州海事公司工作。

朱青青　浙江工业大学毕业,本科,现在杭州平安保险公司工作。

朱光华　南京河海大学毕业,本科,现在福建水利水电勘探设计研究院工作。

朱爱娟　浙江工业大学毕业,研究生,现在浙江农林大学任讲师。

朱云蕊　金华教育学院毕业,大专,现在义乌佛堂华丽华娃幼儿园任教。

朱百强　浙江林学院毕业,本科,现在义乌工作。

朱　蕊　温州医科大学毕业,本科,现在佛堂镇义乌市第二人民医院工作。

朱旭飞　宁波大学毕业,大专,现在义乌佛堂从事会计工作。

朱国勤　浙江理工大学毕业,本科,现在义乌工作。

丁娇娇　江西农业大学毕业,本科,现在义乌工作。

丁丰盛　浙江商业职业技术学院毕业,专科,现在义乌工作。

朱媛媛　浙江师范大学毕业,专科,现在义乌毛店小学任教。

朱　超　宁波大学毕业,本科,现在义乌工作。

朱军来　原杭州师范学院毕业,本科,现在义乌稠州中学任教。

王旭春　山东大学毕业,本科,现在义乌市民政局工作。

张琦滨　研究生,现在总参56研究所工作。

姚仕军　原东阳教师进修学校毕业,本科,现在义乌江湾小学任教。

金晶纯　中国医科大学毕业,博士,现在沈阳医院工作。

卢士林　南昌大学毕业,本科,现在武汉工作。

朱智云　军校毕业,转业军人,现在常州市教育局工作。

金　剑　南京政治学院毕业,专科,现在义乌商城集团工作。

朱敏军　浙江工业大学毕业,本科,现从事医务工作。

朱敏勤　浙江大学毕业,本科,现在义乌工作。

朱丹敏　义乌工商职业技术学院毕业,专科,现在义乌工作。

朱雄飞　原浙江省第三人民警察学校毕业,专科,现在义乌工作。

朱梦凯　武汉纺织大学毕业,本科。

姚聪之　南昌大学毕业,本科。

朱威宁　金华职业技术学院毕业,专科。

朱　颖　丽水学院毕业,专科。

徐　忠　浙江大学毕业,本科。

朱雅芳　云南曲靖大学毕业,本科。

王　夏　江苏淮安大学毕业,本科。

陆雪玲　温州大学毕业,专科。

朱嘉俊　丽水学院毕业,专科。

马小飞　金华职业技术学院毕业,专科。

朱文浩　义乌工商职业技术学院毕业,专科。

朱健祥　浙江师范大学毕业,专科。

朱希涯　浙江大学毕业,研究生。

朱晓川　浙江工商大学毕业,本科。

朱丁婷　浙江金融职业学院毕业,专科。

朱雅菁　原温州医学院毕业,本科。

朱萝因　上海电影艺术职业学院毕业,专科。

朱佳佳　广西桂林金融学院毕业,本科。

朱玲艳　浙江师范大学毕业,本科。

朱旭娟　原浙江水利水电专科学院毕业。

朱惠岚　上海同济大学毕业,本科。

徐圣路　湖北师范大学音乐学院毕业,本科。

徐联元　原温州医学院毕业,本科。

朱晗倩　澳门科技大学毕业,研究生。

朱　亮　浙江工业大学毕业,研究生。

朱苏旺　杭州中医大学毕业,本科。

朱丹皇　杭州外贸大学毕业,专科。

朱思霖　浙江广播电视大学毕业,专科。

朱思婷　西南大学毕业,专科。

朱伟豪　白城师范学院毕业,本科。

朱彪宁　浙江大学毕业,本科。

朱梦静　义乌工商职业技术学院毕业,专科。

朱晶晶　义乌工商学院毕业,专科。

朱轶星　　上海华东师范大学毕业,研究生。

朱丹沁　　嘉兴学院毕业,专科。

朱俊之　　徐州医科大学毕业,本科。

朱林静　　嘉兴学院毕业,本科。

朱玉浩　　武汉华中科技大学毕业,本科。

朱冰清　　杭州职业技术学院毕业,专科。

朱松庆　　杭州大学毕业,本科。

朱国军　　浙江师范大学毕业,专科。

朱成川　　杭州化工学院毕业,高级工程师。

朱　皓　　台州学院毕业,本科。

王敏超　　安徽农业大学毕业,本科。

王　卉　　温州学院毕业,本科。

王晓晨　　台州学院毕业,本科。

朱凤丽　　浙江职业技术学院毕业,专科。

朱军旺　　义乌工商学院毕业,专科。

朱仲景　　义乌工商学院毕业,专科。

陆利健　　浙江同济科技职业技术学院毕业。

朱建东　　义乌工商学院毕业,专科。

成笑迎　　浙江工业大学毕业,专科。

成　莉　　浙江工业大学毕业,专科。

朱益芳　　金华商校学院毕业,专科。

朱　霞　　义乌工商学院毕业,专科。

朱　青　　金华职业技术学院毕业,专科。

朱鑫伟　　金华职业技术学院毕业,专科。

朱旭军　　宁波城市学院毕业,专科。

朱方萍　　宁波工商学院毕业,专科。

朱方正　　宁波大学毕业,本科。

金　宏　　浙江职业技术学院毕业,专科。

金　伟　　南京政治大学毕业,专科。

朱远洪　金华职业技术学院毕业,专科。

崔淑荣　山东大学毕业,本科。

孙淑荣　吉林大学毕业,本科。

朱　军　吉林大学毕业,本科。

朱　旺　吉林大学毕业,本科。

朱姜涛　兰州大学毕业,本科。

朱文越　吉林大学毕业,本科。

朱樟兴　本科生,建筑工程师。

朱成旺　现为金华市婺城区汤溪乡乡长。

朱晓武　专科学历,工程师。

朱成功　本科学历,经济师。

朱旭君　金华职业技术学院毕业。

陆凯丽　原山东医学院毕业。

朱腾飞　河北医科大学毕业。

朱腾燕　温州医科大学毕业。

朱智惠　湖南韶山大学毕业。

朱天翔　武汉大学毕业。

钱　华　温州医学院毕业,浙江大学研究生,在杭州工作。

六、本村籍军人名录

参加黄埔军校:朱顺荣、朱成祺、朱昌福

参加解放战争:朱成芝

参加抗美援朝志愿军:朱子成、朱胡育、朱智荣、陆锡弟、朱成根、朱顺银、王同章、朱昌积、朱顺能、朱成鹏、朱成法、朱昌龙、朱顺生

本村中国人民解放军退伍人员名单

姓名	军种	入伍时间	退伍时间	服役部队
朱成洲	陆军	1956.3	1969.10	4100 部队高炮连
朱智海	陆军	1956.3	1965.1	公安 5847 部队

姓名	军种	入伍时间	退伍时间	服役部队
朱顺涛	陆军	1958.1	1961.10	舟山 9204 部队
朱顺清	陆军	1958.1	1961.10	舟山 9209 部队
朱顺旺	陆军	1961.7	1979.10	云南 7751 部队（曾参加援越作战）
朱顺明	陆军	1961.7	1979.10	云南 7751 部队
朱樟良	陆军	1963.3	1966.12	江苏 6437 部队
陆式荣	陆军	1963.3	1966.12	安徽 6415 部队
张洪泉	陆军	1964.12	1971.12	温州 6517 部队
朱智月	陆军	1964.12	1971.12	温州 6517 部队
朱顺炉	陆军	1964.12	1974.12	湖北襄樊部队
朱成标	陆军	1964.1	1968.3	厦门 6646 部队
朱樟茂	陆军	1964.1	1969.3	厦门 6646 部队
朱成芳	陆军	1964.1	1969.3	厦门 6646 部队
朱顺林	陆军	1964.12	1982.12	温州 6517 部队
朱成伙	陆军	1965.12	1970.1	6288 部队
朱成良	陆军	1965.12	1971.1	6288 部队
朱金福	陆军	1965.12	1971.1	6288 部队
朱顺相	陆军	1968.3	1970.12	6293 部队
朱顺栋	陆军	1968.3	1971.2	安徽 6293 部队
朱顺意	陆军	1968.3	1971.2	安徽 6293 部队
黄荣桃	陆军	1968.3	1971.2	安徽 6293 部队
朱顺林	陆军	1968.3	1971.3	安徽 6293 部队
吴瑞森	陆军	1969.2	1973.4	南京 6475 部队
朱智银	陆军	1969.2	1973.3	南京 6475 部队
芦樟银	陆军	1969.12	1973.3	南京 6475 部队
朱成干	陆军	1969.2	1975.3	南京 6375 部队
金来根	陆军	1969.7	1973.3	南京 6375 部队
朱顺土	陆军	1969.12	1975.3	6415 部队
朱顺松	陆军	1960.12	1983.12	舟山部队
朱子龙	陆军	1969.12	1975.3	安徽 6415 部队

姓名	军种	入伍时间	退伍时间	服役部队
朱成士	陆军	1969.2	1973.3	南京 6475 部队
徐福生	陆军	1969.11	1979.11	6415 部队
卢樟良	陆军	1969.11	1985.11	温州 8503 部队
朱昌明	陆军	1970.11	1976.3	南京 1283 部队
朱成权	陆军	1970.11	1976.3	南京 129 部队
朱丽民	海军	1973.11	1995.3	上海海军
朱顺良	陆军	1971.11	1976.3	129 部队
朱樟贤	海军	1972.12	1976.8	上海 37671 部队
朱智星	海军	1972.12	1979.12	上海 37671 部队
朱智超	陆军	1972.12	1977.12	河南 59209 部队
朱成标	陆军	1972.12	1974.12	河南 59209 部队
马洪元	陆军	1972.12	1976.12	河南 59209 部队
朱智惠	陆军	1974.12	1977.12	江苏宿迁 539 团
朱云	空军	1974.12	1980.1	南京 87465 空军地勤
王福生	空军	1974.12	1980.1	南京 87465 空军地勤
朱智明	陆军	1974.12	1985.3	上海警备区 83318 部队
朱钦文	陆军	1974.12	1977.3	上海警备区 83318 部队
朱顺明	空军	1974.13	1984.12	杭州空军疗养院
郭光明	陆军	1977.10	1982.12	唐山部队
朱顺连	空军	1978.3	1982.1	空军 3969 部队
朱建平	空军	1978.3	1982.1	空军 3969 部队
朱锦荣	陆军	1979.1	1981.12	苏州 83446 部队
朱荣明	陆军	1979.1	1984.12	苏州 83446 部队
金樟能	陆军	1979.12	1981.1	湖北 57316 部队
朱德生	陆军	1979.12	1981.2	湖北 57316 部队
朱智恒	陆军	1980.11	2000.1	徐州 8326 部队
朱智荣	陆军	1980.11	1984.12	南京 83576 部队
朱建新	陆军	1980.12	1984.12	南京 83576 部队
朱良亮	陆军	1981.12	1987.3	福州 32815 部队

续　表

姓名	军种	入伍时间	退伍时间	服役部队
朱智云	陆军	1981.9	2004.9	江苏常州 7791 部队
朱国洪	空军	1982.10	1996.12	南京空军直属
朱根洪	陆军	1983.10	1993.7	苏州 83110 部队
朱向荣	陆军	1985.11	1989.11	83012 部队
朱献忠	空军	1987.11	1991.12	江苏无锡 86434 部队
朱顺威	陆军	1990.3	2000.10	3796 部队
朱兴良	陆军	1990.12	1995.10	安徽 83447 部队
朱一武	消防	1991.12	1993.12	江苏徐州市消防支部
朱永法	陆军	1994.12	1997.12	兰州 84893 部队
许永红	陆军	1995.12	2007.8	73018 部队
朱君星	陆军	1996.12	1999.12	西藏 56185 部队
朱向文	陆军	1998.12	2000.3	西藏 77680 部队
金剑	武警	1998.12	2003.12	武警江西支部
吴剑锋	陆军	2003.12	2005.12	哈尔滨 6543 部队
朱剑斌	陆军	2003.12	2006.12	新疆 69016 部队
金伟	陆军	2003.12	2015.12	南京临汾旅
朱剑	武警	2004.12	2006.12	武警部队
朱俊龙	陆军	2009.12	2011.12	青海 68062 部队
朱向刚	海军	2009.12	2011.12	上海海军
卢琦	空军	2011.12	2013.11	成都空军地勤
朱黎华	武警	2011.12	2013.11	武警宁波支队
朱旭炜	武警	2012.11	2014.11	江苏边防总队
张赛斌	陆军	2013.9	2015.11	红一团
朱晟凯	陆军	2014.9	2016.9	塔城 69338 部队
朱旭剑	陆军	2014.9	2016.9	塔城 69338 部队

本村中国人民解放军现役军人名单

姓名	军种	入伍时间	服役队伍
朱雄伟	武警	1996.8	中国武警总医院

姓名	军种	入伍时间	服役队伍
张琦彬	陆军	2002.7	总参第五十六研究所
朱亚男（女）	武警	2006.12	浙江省武警总医院
朱荣翰	武警	2010.12	舟山边防支队岱山高亭边防派出所
朱晓龙	陆军	2011.12	漳州装甲部队
朱伟杰	陆军	2015.12	泉州 7331 部队
朱俊磊	陆军	2015.9	张家口 93786 部队
朱继男	陆军	2015.9	青海省军区直属队
朱东辉	陆军	2015.9	青海省军区直属省

七、本村籍工艺名人录

朱新琦，曾出任金华市剪纸研究会会长，其《朱云——槐里令》《古镇风云》《三打白骨精》等作品曾入展北京中国人民革命军事博物馆、义乌文博会、中国艺术节等。

朱奎荣，木雕工艺大师，其作品《水浒一百零八将》曾获得浙江省民族民间手工艺最高荣誉——"天工奖"。

朱文飞，红木家具工艺美术大师。

第十九篇　附　录

一、野塘府君铁罗汉像记

　　吾家自廿一世祖东阳太守始居赤岸,迨今将千年,聚族五六百众,衣冠犹旧,而农樵将半,岁时庆弟往来,和气蔼然,可喜也。广明庚子七月,北寇自睦而来,所过残虐,玉石之及,靡有孑遗。余与母陈独得无恙。母氏资禀慈肃,事佛甚谨,意者其福报所至欤。予受母教,颇能知学由是用道因利,加以谨节生理,饶裕循守旧业,改卜新居。有子四,得孙十八人,曰世东、世威、世愚、世怀、世伦、世繁、世闲、世莲、世迢、世韬、世和、世遐、世康、世称、世俦、世钦、世南、世宿。自俦以下,尚在襁褓,俱各哭貌雄伟,啼声深宏。朱氏为有后矣,至是追念畴昔,且戒前辙,乃治金作罗汉像一十八尊,各授一,使散处焉。世东善属文,叙此巅末授之,俾作家乘云。余年八十三矣,自号野塘老人。

　　周广顺二年壬子正月庚申日记

二、诰勑

　　洪百七十五以曾孙贵赠荣禄大夫,安人张氏赠一品夫人

　　奉天承运皇帝制曰授五兵于阃外韬略无前三命于师中箕裘有后家声不坠国典攸隆尔朱承恩乃左都督管陕西神道岑营游击事朱荣贵之曾祖父善以提躬庆能昌绪下遗式榖娴樽俎以宣劳上溯渊源荷丝纶而弥显兹以覃恩赠尔为荣禄大夫左都督管陕西神道岑营游击事锡之诰命于重孙果毅良由述祖维勤三世恩荣益念忠君罔斁制曰豹略承先积善必由累叶燕贻启后发祥尤本闺门阃仪历数世弥彰国典自九天特沛尔左都督管陕西神道岑营

游击事朱荣贵之曾祖母张氏女德无愆妇功夙慎恩勤递衍识将种之由来似续克昌被褕衣其曷媿兹以覃恩赠尔为一品夫人于百年毓庆食报远而更荣三世虵封拜命隆而加

制诰之宝

清康熙二十三年九月二十八日

淇二百四以孙贵赠荣禄大夫安人郭氏赠一品夫人

奉天承运皇帝制曰策勋疆圉溯大父之恩勤锡赉丝纶表皇朝之霈泽尔朱肇辅乃左都督管陕西神道岑营游击事朱荣贵之祖父敬以持躬忠能启后威宣阃外家传韬略之书泽霈天边国有旂常之典兹以覃恩赠尔为荣禄大夫左都督管陕西神道岑营游击事锡之诰命于戏武维扬特起孙枝之秀赏延于世益征遗绪之长

制曰树丰功于行陈业者著闻孙锡介福于廷帏恩推大母尔左都督陕西神道岑营游击事朱荣贵祖母郭氏壸仪足式令闻攸昭振剑珮之家声辉流奕世播丝纶之国典庆行再传兹以覃恩赠尔为一品夫人于戏翟茀用光膺宏体于天阁龙章载焕锡大惠于重泉

制诰之宝

清康熙二十三年九月二十四日

溢百六十一以子贵赠荣禄大夫安人裴氏赠一品夫人

奉天承运皇帝制曰宏绥国爵式嘉阀阅之劳蔚起门风用表庭闱之训尔朱希尧乃左都督管陕西神道岑营游击事朱荣贵之父义方启后縠事光前积善在躬树良型于弓冶克家有子拓令绪于韬钤兹以覃恩赠尔为荣禄大夫左都督管陕西神道岑营游击事锡之诰命于戏锡策府之徽章洊承恩泽荷天家之休命永贲泉墟

制曰怙恃同恩人之子勤思与于将母赳桓著绩王朝锡类以荣亲尔左都督陕西神道岑营游击事朱荣贵之母裴氏七诚娴明三迁勤笃令仪不忒早流珩瑀之声慈教有成果见干城之器兹以覃恩赠尔为一品夫人于戏锡龙纶而

焕采用答劬

制诰之宝

清康熙二十三年九月二十四日

荣贵勅书

奉天承运皇帝制曰国重干城特赍褒扬之典功高营卫式膺殊渥之施载沛荣伦用嘉懋绩尔左都督管陕西神道岑营游击事朱荣贵英猷克矢武力维宣抚恤师徒广仁风于挟勤劳军旅鼓壮气于同胞闾惠攸颁徽章宜锡兹以覃恩特授尔阶荣禄大夫锡之诰命于戏幕府流勋尚钦承夫宠泽岩廊行庆爰诞卑以恩光祗受崇褒益恢来效

初任

今职

制曰策府疏勋甄武臣之茂绩寝门治业阐贤助之徽音尔左都督管陕西神道岑营游击事朱荣贵妻林氏毓贷名闺作嫔古族撷蘋采藻凤彰宜室之风说礼敦诗具同心之雅兹以覃恩封尔为一品夫人于戏锡龙章於闺闼惠闻常流荷嘉奖於丝纶芳心永劬

制诰之宝

清康熙二十三年九月二十四日

澄百七十三（朱开抶）以曾孙献文赠通议大夫德配许氏貤赠淑人

奉天承运皇帝制曰盛代酬庸之典申锡命于五章良臣根本之荣极推恩四载嘉旧德爰沛新纶尔朱恒斋乃翰林院检讨加四级朱献文之曾祖父善以开先业能启后一经垂教发诗书之菁华奕世贻休表弓裘之矩矱欣逢庆典特奉天章兹以覃恩貤赠尔为通议大夫锡之诰命于戏秩崇根渥邀宠泽于中朝渊源流长树风声于来禩钦从显命用阐幽光制曰朝庭布荣绥之褒礼求其始彝典锡重闺之泽恩逮所生嘉命载颁徽音益远尔许氏乃翰林院检讨加四级朱献文之曾祖母柔嘉维则淑慎其宜矩法娴明凤协宜家之化规风表著式昭启后之模集介福于曾孙溯芳型放累世兹以覃恩赠尔为淑人于戏龙章焕采

犹传珩瑀之声风诰增华焕笲筁之色尚承宠渥长席鸿麻

制诰之宝

清宣统元年正月二十九日

清二百八十三（朱元约）以孙献文封通议大夫德配马氏貤赠淑人

奉天承运皇帝制曰沛酬庸之庆典茂对皇麻敷锡类之殊荣曲成臣孝尔朱维正迺翰林院检讨加四级朱献文之祖父箕裘绍绪诗礼垂声贻厥孙谋树芳于珂里绳其祖武奏绩於彤廷兹以覃恩封尔为通议大夫锡之诰命于戏开堂構于培基德钟家庆沛丝纶而锡命允贲天章

制曰德门衍庆渊源早裕夫孙谋盛世推恩纶綍载扬夫母范尔马氏乃翰林院检讨加四级朱献文之祖母高门毓德华阀传芳有穀贻孙赖同心于内助自天申命表异数于中闺兹以覃恩赠尔为淑人于戏光生褕翟常昭彤管之辉德媲珩璜允著徽章之色

制诰之宝

清宣统元年正月二十九日

潜二百十四（朱增绣）以子献文封为通议大夫德配冯氏封为淑人

奉天承运皇帝制曰谊笃靖共入官必资于敬功归海迪能仁而教之忠爱沛国恩用扬庭训尔朱增绣乃翰林院检讨加四级朱献文之父躬修士行代启儒风抱璞自行克毓圭璋之秀析薪能荷弥新杞梓之良兹以覃恩封尔为通议大夫锡之诰命于戏昭令闻于经籯义方久著佩徽章于策府礼秩加优茂典丕承荣名益劭

制曰移孝作忠懋简劳臣之绩推恩锡类扬贤母之名载贲荣纶用官懿范尔冯氏乃翰林院检讨加四级朱献文之母早娴典则凤著规型敬以从夫宜家韦征其顺德勤于训子儵官一本于慈祥兹以覃恩封尔为淑人于戏荷彩翟之天章徽音益畅被彤毫之仙藻惠闻常流祗服宠光弥昭贞静

制诰之宝

清宣统元年正月二十九日

三、族规

1.族长整饬族规总理族务为一族领袖宜择年高德劭者任之房长辅助族长办理族务其人选亦以公正贤明为尚

2.人道莫先于孝子孙应孝顺父母及祖父母媳妇应孝顺翁姑如有忤逆为父母及翁姑所告举者族长宣会同房长剀切教训如不悛改传唤来祠严加责戒仍不悛改送官惩治但父母翁姑如有偶偏及惑于继母者当原情别论

3.风化首重刑于凡为男子者务教率其妇孝顺翁姑和睦妯娌和有妒忌长靠舌等失德尤宜规止

4.为父母者应教诲子女敬听族训一届入学年龄即须遣令入学勖其立志向上勉为善人正人

5.男女婚配宜择贤淑毋索重聘毋计厚奁婚嫁用费宜从俭者

6.家族以和为贵毋得以气相加以势相压倘遇争端须告诉房长族长分别曲直秉公处理

7.乡党相让以齿卑幼不得抗衡尊长行坐必以序应对必以名论事必以谦退尊长待卑幼曰服以上呼名功服以下称字庶几犹有古意

8.族中子弟居丧不得饮酒食肉执子于丧家者亦应摒绝酒肉吊丧衹须簿具香楮敬表哀忱丧家酬以头白一方或馒头一双不留饭至款待外村吊客宜用素筵又金银珠宝不可入殓

9.凡子孙入祠与祭当整肃衣冠恪恭将事不得嬉笑失语

10.族中鳏寡孤独须曲加体恤如有欺凌侵逼者族长会同房长严加斥责其节重大者呈公究治

11.族内有孝子节妇名实允孚者除请旌表外每遇祠祭徹馔之贫乏者周其粟帛并助其身后之资

12.凡忠孝节义有为阖族所公认者无论已请旌未请旌年节均各给馒头一双春秋祭并准其入祠受馂但以生存者为限

13.子孙虽贫亦不得干犯国法将子女鬻於人为奴婢

14.孀女因家贫不能守节者听其出嫁如有恋财醮赘即做出嫁论依照谱例第八条办理

15.典催妇女陋习本宜禁止倘有为嗣续计不得已而为之者务令安处本门不准私转前夫与寄住娘家违者有嗣不准上谱典出者作出嫁论

16.凡春秋两祭愿神前立桌享祭一名者祠中归额银二十元春秋两祭每祭二人享祭春秋加生胙享祭人中厅受馂倘有助产其时价祠中公议进退凑数如二十元以上者春秋加生胙一胙主钱在外

17.春秋两祭凡绅衿及年满六十岁以上之耆老俱中厅受馂

18.族长三年一任任满绅理再议另请其前任族长在日递年元旦加给馒头一双

19.贤田每年收入租息除完粮开支外改为津贴各房下男女子孙读书学费其津贴标准一小学学生每名一股中学学生每名二股三高等大学学生每名四股毕业后停止津贴合族置有贤产俱同此例如各房中有贤田较多小学学生计每岁应得津贴超过小学学费者以小学学费为限津贴之其余款仍由各房作为贤租余款妥存备将来津贴学费之用

20.宗祠元旦分给馒头原以奖赏子孙尊祖敬宗之意若出外生理迁居异乡此迫于势之无可如何应予从权酌给以三年为率三年外不归乡里忘却本源不得照常分给一以验其人之存亡一以励凡子孙者不忘祖宗之心但在外留学或从公服务或老年与幼孩艰于跋涉者不在此限

21.每岁元旦祭毕族人应序立中厅恭听宣讲族训宣讲事由族长或其选派一人代为宣讲

22.刑法为国民所应凛知族中明晓法律者应将易于触犯各条择要摘录送请族长于每岁元旦祭毕集族人略为讲解免致误蹈刑章至纳粮规则及国民应知之重要法令亦应择要讲解

23.祠田租钱租谷所以备粮祭也前祠田有收钱收谷者不等今租谷俱改作租钱递年定八月十六日收齐庶天年荒旱粮祭不虞无备

24.轮流管祠者每遇朔望轮一人清晨上祠督率住祠者洒扫庙堂周视神位

四、族训

孝　　父母养育恩同天地竭力孝养仅报万一敬听亲教顺承亲意导率

妻子同尽孝礼

悌　　兄弟姊妹分形同气相亲相爱双亲欢喜牢记一言轻财重义如同手足互相扶助

忠　　为国服务替人做事均要忠心切戒奸巧尽心殚力公而忘私忠字配孝天人重视

信　　言必由衷说到做到信实两字处世之宝期限诺约牢记在心无信之人大家看轻

礼　　礼者门也出入必由人不知礼何异禽兽长幼尊卑视听言动各有礼法问明遵守

义　　义为人路行事当依义所当为勿可畏避义不当为断然制止见利思义孔训切记

廉　　廉不妄取妄取是贪廉洁贪污名誉攸关居乡居官均须清操廉而不刻尤为全德

耻　　耻之于人所关非轻耻从于邪自归于正奸盗伪诈均不应为清夜扪心须知惭愧

仁　　人生在世非但自了救苦拯灾须行仁道兼爱物命不妄杀生若贪口腹杀业匪轻

诚　　存心行事须学诚实作伪行欺徒坏心术欺人之人人勿汝信诚实君子人悦神钦

勇　　知过即改见义勇为平万方难捍一乡灾道义之勇方觉可贵匹夫之勇子孙永戒

恕　　已有不是恕则怙过人有过差格外宽恕推己及人恕字真义广大宽平终身可行

勤　　山乡瘠土谋生匪易唯有勤劳可免冻馁士农工商各勤本业先日而起日落乃息

俭　　持身持家奢侈立败惜财惜福俭德最美婚嫁丧葬俱从俭省如有节余用济人急

谦　　谦卦六爻其义皆吉欲行得通莫妙谦德有善毋伐有功不矜一派谦光和洽乡邻

和　　居家处乡惟和为贵勿逞意气翻脸争骂事事学让处处忍耐和气迎人人见舒泰

以上族训每岁元旦谒庙后主持者应集至祠族人详细讳训一次听训者面向祖宗在中厅立讲训者立在中厅上首本村小学春秋两季开学仪式后亦请校长或教员详细讲训一次学生到初小毕业时务须以能背诵解说为要如此办理使吾族子子孙孙皆有此十六字粗义印入脑海为中华民族道德之基础于家庭教育学校教育似两有裨补

五、村规民约

为使本村全体干部、村民在日常村务管理、生产生活中有"规"可依，有"章"可循，明确干部、村民间的职责、权利和义务，维护全村上下的安定团结，促使本村公私经济有序健康地发展、村民生活质量稳步地提高，根据上级有关要求和本村的实际需要，特制订"村规民约"，供全村干部、村民共同遵守执行。

（一）村规

1.按规定建立、完善村民代表大会制度。村民代表在每届村民委员会换届时同期换届选出，对村内重大事务实行民主讨论决策、民主监督。

2.制定完整的村务管理制度，并在今后的经营管理中不断完善。在村务管理、财务管理活动中，干部、村民均应当按照该制度执行。

3.建立村务管理监督机构，本村专门设立民主监督委员会。负责对本村的村务管理的日常监督，其组成人员的产生办法及人数的配备，按本村村务监督制度中有关规定执行，并与村委会同期换届。

4.今后各届村两会、监委会、村经济合作干部必须制定任期工作目标计划和年度村经济发展目标计划，编制年度预决算，并实行向村民代表大会报告制度。

5.制定户口变动的管理规定。户口进出必须按村户口管理规定程序办理执行，如遇上级有关政策的变动或新情况的出现时，要及时修改、完善规定，并提交党员大会、村民代表大会讨论通过后方可执行，但不得与上级有关政策相悖。

6.制定村干部及工作人员的误工工资、岗位补贴等的基数标准及考核办法,并可根据上级的规定和村经济实力情况进行调整,其考核基数标准必须提交党员大会、村民代表大会讨论通过后方可执行。

7.土地资源属国家和集体所有,农户建房使用土地,必须向村两委提出申请,按规定上报上级部门审批,批准后方可建造,严禁一切未批先建、乱挖乱建等行为。

8.自觉遵守森林管理法规,爱护森林资源。松杉、毛竹、水果、花卉、苗木等林木,如发现盗伐者,村将按原盗树木价值的 3 至 5 倍要求赔偿并移送行政机关或司法机关处理。

9.村两委、党员、村民代表大会讨论三分之二以上人数通过的有关决议决定,全村上下必须无条件服从执行,特殊情况确有矛盾的也必须先执行,待下次按上述程序重新形成纠正决议后,方可变更执行。

10.对极个别村民拒不服从村集体领导,拒不执行村两委、监委会、党员、村民代表大会已生效的决议、决定,或无事生非,散布谣言,造成损害集体利益的农户或村民经教育动员仍不改正的,依法追究其相应责任。

(二)村民公约

1.全村干部、村民应热爱祖国、热爱中国共产党、热爱社会主义、热爱集体、热爱劳动、服从村集体领导,自觉遵守村规民约和各项规章制度。

2.自觉履行公民义务,依法参与兵役登记,积极参加体检应征,承担应尽义务。

3.自觉遵守法规,遵守村规民约,不参与赌博,不打架斗殴,不参加邪教等非法组织。

4.爱护公物,爱护集体财产,为村发展献计献策,努力为发展壮大集体经济做贡献。

5.尊老爱幼,男女平等,礼貌待人,团结友爱,和睦相处。

6.讲文明、讲卫生,保持房前屋后的整洁有序,垃圾集中倒入垃圾投放点。

7.讲科学、学技术、学文化,勤劳致富,移风易俗,反对封建迷信。

8.提倡晚婚晚育、优生优育,结婚先登记,生育先审批,外出打工要及时办理《流动人口管理婚育证明》。

9.父母有抚养教育子女的义务,子女有赡养父母、老人的义务,不得打骂虐待子女和老人。

10.全力维护村集体利益,敢于同坏人坏事作斗争,不偷盗、贪取、占用集体和他人财物。

11.与他人发生矛盾纠纷时要心平气和,不采取过激行为,不激化矛盾,不越级上访,发生矛盾纠纷如双方难以协商解决时,要请村干部调解处理。

12.房屋出租户,要自觉管好外来人员,要求他们遵守计划生育等法律法规与政策,要求他们讲文明、讲卫生、垃圾集中倒进垃圾箱,发现违纪违法行为要及时向村干部或有关部门报告。

编 后 记

《义乌雅治街村志》经过近四年的搜集、整理与编辑，终于与全体村民见面了。本书的问世，有助于全体村民去认识这个古老村庄的诞生、发展历程，有助于大家了解自己的祖先是如何创造了辉煌的历史，从而自觉地去继承和发扬祖辈们所奉行的优良传统和灿烂的村庄文化，为今天的建设新农村服务。

《义乌雅治街村志》虽然记述的只是一个小小村庄的历史，但"麻雀虽小五脏俱全"，它涉及方方面面，这就需要大量历史资料来支撑才能完成。而遍寻有关雅治街历史资料，除有一部《野墅朱氏宗谱》较为完整外，再罕有其他历史资料可供参考，这就需要编写人员深入下去，去挖掘、去调查、去访问，在尘封的历史中，在众人的回忆中，把点点滴滴史料搜集起来，经过去伪存真，整理出较为系统完整的史实。这样大的工作量，给编写人员带来极大的难度，也是编写人员所经历的最大困难。

另外，编写人力也严重不足。参加本书编写的共有 7 人，他们都是生活在杭州的本村人，其中 6 人是在职人员，他们身上都担负了一定领导职务，责任重，工作忙，无法全身心投入此项工作，只能利用业余时间和节假日，甚至利用返乡探亲、扫墓的机会去调查、去访问、去收集各种历史资料，千方百计为编写《义乌雅治街村志》出力。其中主编朱先新先生，是一位年届九十的退休老人，年老力衰，精力不足，又因老伴病重卧床不起，需人照顾，分身无术，即便如此，仍为村志编撰殚尽竭虑。在此，我们向前辈朱先新致敬！尽管编写本志困难重重，但在村民们大力支持与配合下，在大家的共同努力下，终于完成了编写任务。但因搜集历史资料有限、信息不全，以及编写人员学术水平低、经验不足等种种因素的影响，本书难免存在不少问题，期望村民们予以谅解，也衷心希望今后雅治街村两委及有识之士继续补充和完善村志。

在整个编写过程中,得到朱明、金来水、张洪庆及广大村民,以及浙大王光明等同志的大力帮助,在此表示衷心感谢。

《义乌雅治街村志》编委会

2017 年 12 月